MONTAÑAS SAGRADAS

RAÚL FERRERO MARTÍNEZ

MONTAÑAS SAGRADAS

SECRETOS, MISTERIOS Y LEYENDAS

Ediciones Luciérnaga

Diseño de la cubierta: Planeta Arte & Diseño
Realización: Planeta

Primera edición: abril de 2026

Ediciones Luciérnaga
Av. Diagonal 662-664
08034 Barcelona
www.planetadelibros.com

ISBN: 979-13-87667-60-3
Depósito legal: B. 24.886-2026

Impreso en España – *Printed in Spain*

PEFC
PEFC/14-38-00305
Certificado PEFC
Este libro procede de bosques gestionados de forma sostenible y fuentes controladas
www.pefc.es

SUMARIO

AGRADECIMIENTOS

Este libro nace del asombro, de la escucha atenta y del encuentro con voces que no siempre buscan ser oídas, pero que laten con fuerza en la tierra, en las piedras y en la memoria de los pueblos.

Agradezco con el corazón abierto a mi mujer y a mi hija porque solo ellas saben el esfuerzo, las noches sin dormir y lo importantes que son para mí. Por su apoyo y su ayuda. Ellas son abrigo en la intemperie. Gracias por esperarme, por entender mis silencios y celebrar mis pequeños hallazgos como si fueran propios. Nada de esto habría tenido sentido sin su amor.

Gracias a mis padres porque siempre están en mi memoria, y lo que ahora soy, se lo debo a ellos.

A cada guardián de la palabra, a quienes compartieron una historia, un canto, un gesto, o simplemente su presencia: gracias. No hay conocimiento más puro que el que se entrega sin vanidad, solo por amor a lo sagrado.

A los amigos del camino, colegas y maestros que creyeron en este proyecto cuando aún era solo una intuición, su fe me sostuvo en los días de duda. A quienes leyeron mis borradores con paciencia y cariño, y a quienes hicieron preguntas que me obligaron a volver a mirar con ojos nuevos, gracias por enseñarme a pensar con más cuidado y más verdad. Entre ellos, Jesús Callejo, por ser mi maestro, por mirarme en sus ojos, por sus palabras, por tantas y tantas conversaciones que solo las piedras sabrán interpretar y guardar.

A Manuel Fernández Muñoz por el epílogo y su contribución al capítulo de la montaña de la Luz, porque eso eres tú, amigo mío, una luz que brilla más que nunca y porque ha sido una bendición encontrarnos en nuestro camino vital.

A Rubén Villalobos por el maravilloso prólogo, que junto a Jesús, dais más valor a este libro.

A Luis Tobajas, compañero de batallas, Vicente Bosch, Rafael Solaz, Oscar Fábrega, Miguel Zorita, Gustavo Doménech, Juanca Romero, Miguel Aracil, Maika García, Maru, y a muchos más que ruego me perdonen si no les nombro.

A Fernando Gómez por toda su ayuda, él sabe porque lo digo.

Gracias a Luciérnaga el apostar por mi trabajo, por creer en él y darme la oportunidad de poder publicar con una gran editorial, y dentro de ella, a Toñi, sin sus pasos, consejos y correcciones jamás habría podido ver la luz el libro que tienes entre las manos.

Gracias a mi suegro, Vicente, porque siempre creyó en mí. Hoy ya no está entre nosotros, pero me guía desde el otro lado del velo..., siento su compañía en los días más callados. Este libro también es un homenaje a su memoria.

Gracias a mi primo Juan. Fuiste un referente, una inspiración en mi vida. Allí donde estés, seguro que seguirás ayudando a quien te lo pida, todo en ti era gratitud, una persona sabia como pocas he conocido. Un trocito de mí se fue contigo aquella noche, ya formas parte de la magia de nuestras montañas, de tu montaña, el Torrater.

Y, por último, a la montaña, al río, al bosque, al viento..., a todos esos seres que no hablan con palabras, pero que enseñan desde siempre. Este libro es un intento torpe de traducir su lenguaje.

A ustedes, que siguen ahí, silenciosos y eternos, va mi gratitud más honda. Gracias por permitirme tocar lo sagrado con palabras.

Este libro no es solo mío. Es de todos los que alguna vez escucharon y sintieron algo más allá de lo visible, y seguro que estás entre ellos, así que parte de esta obra también es tuya. Muchas gracias querido lector porque me enseñaste que la sabiduría no siempre grita; a veces apenas respira, y aun así lo transforma todo.

Ahora escucho esa respiración, sigamos aprendiendo.

PRÓLOGO DE JESÚS CALLEJO CABO

Montañas sagradas o cuando los dioses susurran sus secretos al viento

En el antiguo mundo grecorromano creían en el *anima mundi*, concebida como toda la creación del mundo dotada de un «alma universal», que hacía que los bosques, los ríos, los desiertos o las montañas fueran más un «alguien» que un «algo». Entonces, los fenómenos naturales adquirían una relevante lectura simbólica, mística y trascendental.

Desde tiempos remotos, el pensamiento tradicional sostuvo la idea de que así como el ser humano tiene alma, también la naturaleza posee la suya. Todo se hallaba entrelazado, como si un hilo invisible uniese lo humano con lo divino y lo telúrico. Se creía, además, que en los lugares elevados esa conexión se hacía mucho más intensa. Las cimas, morada de dioses y espíritus guardianes, se volvían santuarios naturales.

La ingeniera suiza Blanche Merz, especializada en geobiología, planteaba hace unos años medir la vibración de algunos lugares mágicos y sagrados de todo el mundo para determinar por qué han tenido siempre ese poder de atracción y de peregrinación. Para eso utilizó un método geobiológico: el biómetro de Bovis (unidad de medida radiestésica que define la vitalidad de una persona o un lugar). Merz realizó una investigación en distintos puntos del planeta para cuantificar el conjunto de radiaciones presentes en un determinado lugar o monumento. A partir del biómetro de Bovis básico, Merz detectó el campo de los «niveles vibracionales etéricos», que va de 11.000 y 13.500 UB, y el de los «niveles vibracionales espirituales», de 13.000 a 19.500 UB. Estos últimos son propios de santuarios especiales y centros de iniciación. Sus resultados se publicaron en *Pirámides, catedrales y monasterios* (1987).

En otro de sus libros —*El alma del lugar* (1988)— procura conocer las energías de la Tierra, y analiza el monte Albán, llamado la Acrópolis Blanca, situado cerca de Oaxaca, una plataforma artificial de más de 40 kilómetros cuadrados que los zapotecas construyeron a 2.000 metros de altitud como centro espiritual y ritual. Allí Merz encontró frecuencias de 15.000 UB. También investigó Montecasino, famosa abadía italiana en una colina a 520 metros de altitud, situada en la perpendicular de dos importantes corrientes de agua subterráneas, con una vibración de 11.000 UB difundida por todo el perímetro.

Y atentos a los santuarios dedicados a san Miguel, porque la mayoría están situados en lo más alto, sean montes o cimas de montañas, como el de Sant Michel (en Normandía, Francia), el santuario de Sant'Angelo, en Gargano (Puglia, sureste de Italia), y la Sacra di San Michele erigido en la cima del monte Pirchiriano (a 962 metros en el Piamonte). Y algo aún más curioso, todos ellos unidos por «líneas ley», esas líneas rectas imaginarias que unen vestigios y restos arqueológicos de carácter religioso en una especie de senderos telúricos.

Y si nos vamos a la península ibérica, qué decir de San Miguel de Aralar, en Navarra (vinculado a una aparición, la de don Teodosio de Goñi, y a un dragón), o de la iglesia prerrománica de San Miguel de Lillo, edificada en el 842 por el rey Ramiro I en el monte Naranco, en los alrededores de Oviedo. Montañas y montículos sagrados, y en ellos la construcción de santuarios (de distintas religiones) para aprovechar todo su potencial. Nada es casual.

Los especialistas hablan de que Gaia es una entidad viva, orgánica, autorreguladora, que posee siete chakras planetarios (centros o vórtices energéticos o biogeneradores) principales repartidos por el planeta, amén de otros tantos secundarios, en los que se potencian la energía y la espiritualidad. Según algunos autores, son los siguientes:

- ◊ Monte Shasta (norte de California, Estados Unidos). Sagrado para la cultura nativa americana y la espiritualidad *new age*. Se considera un portal energético y lugar de conexión con el universo.

- ◊ Lago Titicaca (entre Perú y Bolivia).
- ◊ Uluru Kattjuta (Australia). Sagrado para la cultura aborigen anangu, con un profundo significado en la mitología del Dreamtime.
- ◊ Glastonbury (Inglaterra).
- ◊ La Gran Pirámide de Keops (Egipto).
- ◊ Kuh-e-Malek Siah (montaña ubicada en la frontera entre Irán, Pakistán y Afganistán). Considerada sagrada en la tradición sufí y en las creencias locales de los baluchis, un grupo étnico que habita la región.
- ◊ Monte Kailash (Tíbet). Sagrado para el hinduismo, budismo, jainismo y Bön. Se considera la morada del dios Shiva y un centro cósmico de poder. Se dice que dar la vuelta a la montaña *(kora)* purifica el alma.

Como vemos, entre esos siete potentes puntos energéticos se encuentran cuatro montañas. No todos los especialistas están de acuerdo en que esos siete sean los principales. No sabemos los criterios arbitrarios de selección. Y los geobiólogos dicen que cada país tiene los suyos propios (Egipto, Perú, Brasil, China, México o la India).

Otras listas de puntos geoestratégicos y de peregrinación incluyen el monte Sinaí (Egipto), sagrado para el cristianismo, judaísmo e islam, y se cree que en su cima Moisés recibió los diez mandamientos. El monte Athos (Grecia), sagrado para el cristianismo ortodoxo, un centro monástico en el que las mujeres tienen prohibida la entrada. El monte Fuji (Japón), sagrado para el sintoísmo y budismo, un símbolo de pureza y renovación espiritual. O Adam's Peak (Sri Lanka), en el que se puede ver una roca con una vetusta huella que los budistas atribuyen a Buda, los hindúes a Shiva y los cristianos y musulmanes a Adán.

En España tenemos una buena muestra de montañas sagradas, desde Montserrat a Montejurra, pasando por el monte Gorbea, el Teleno, el Tindaya o el monte Pindo... Todos ellos epicentros u ombligos de una Celtiberia muy mágica, como en su día supo recoger Juan G. Atienza, otro gran valenciano al igual que Raúl Ferrero, en su obra *Montes y simas sagrados de España*. En los dos archipiélagos existirían otros dos centros importantes de poder telúrico y místico: el monte Randa (en Mallorca) y el Teide (en Tenerife). Todos ellos reconocidos por culturas ancestrales, tradiciones populares y avalados por mitos, ritos y leyendas.

En definitiva, una cima, un cortado o un lugar abrupto y rocoso con características inusuales pueden ser entendidos como una «escalera al cielo», lugares que propician rituales con fines apotropaicos, sanadores o adivinatorios. Ocurre en el monte Abantos (Madrid), en el Moncayo (Aragón), en el Pico Sacro (La Coruña) o en el monte Amboto (Vizcaya), la morada de la diosa Mari. Y, por si fuera poco, fijémonos en la toponimia. El Monsacro de Asturias, enclavado en el mismo centro de la región, ya nos está diciendo que es un ónfalo sagrado desde tiempo inmemorial, en cuya cima estuvieron depositadas las reliquias del Arca Santa y desde él se contempla el cuerpo pétreo del gigante Noraco, convertido ya en monte Naranco.

En la literatura de montaña hay muchas historias de supervivencia salpicadas de pequeños milagros, se califican con el sobrenombre de «efecto tercer hombre». Reinhold Messner, la primera persona del mundo en escalar sin oxígeno las catorce cumbres de más de 8.000 metros, subió al Nanga Parbat (Pakistán) en 1980, y en sus momentos más difíciles sospechó que en su ascenso estaba siendo acompañado por ayudantes invisibles. Se preguntó si serían quizá los fantasmas de los escaladores británicos que habían muerto en las laderas años antes.

Son muchos más los que han reportado estas misteriosas sensaciones y presencias en altitudes extremas. Por eso, los rituales son frecuentes y necesarios, antes y ahora, en montes, montículos o montañas sagradas. Los lamas budistas o los sherpas nepalíes no ascienden a una montaña del Himalaya sin realizar la Puja, cuyo objetivo es pedir protección al *genius loci* del lugar para llegar a la cumbre y regresar para contarlo.

Por medio de rituales, ofrendas y sacrificios, a veces sangrientos (de ahí las momias andinas congeladas), los incas lograban agradar a los *apus* (palabra quechua que significa «señor» o «protector»), espíritus de las montañas que protegen a los pueblos andinos desde épocas anteriores a los incas. Los invocan para obtener a cambio protección para sus tierras, ganados y cultivos en los momentos de angustias y tribulaciones.

En términos generales, las montañas e incluso los volcanes más altos y peligrosos, al elevarse hasta los cielos, favorecen la comunicación de los humanos con los dioses. Son ejemplos suficientes para darnos cuenta de que se han considerado escaleras al cielo y habitáculos de espíritus y dioses.

Y este nuevo libro de Raúl Ferrero, con la excelente y exhaustiva documentación a la que nos tiene acostumbrados, viene a señalar esa importancia de las montañas como templos naturales. Las conoce bien y algunas las ha subido, como el Puig Campana (Alicante), con sus 1.410 metros de altura, el punto más mágico de la cordillera bética y la Comunidad Valenciana, con una geoforma tan singular que también lo ha hecho protagonista de contactos y avistamientos ufológicos.

A vista de pájaro, Raúl nos traslada a enclaves repartidos por los cinco continentes y provistos de las tres T: trascender, transmutar y transmitir.

◊ Ayudan a transcender los límites físicos y mentales humanos en busca de desafíos, superación y crecimiento personal.
◊ Propician una transmutación interna en personas que acuden a ellas para impregnarse de su poderosa energía telúrica y cósmica y alcanzar una nueva perspectiva emocional y espiritual.
◊ Nos transmiten un mensaje sutil a través de sus símbolos y templos edificados en su cima, porque en muchas ocasiones quienes visitan una montaña sagrada regresan con más sabiduría.

Cada 11 de diciembre se celebra el Día Internacional de las Montañas, una buena fecha para recordarnos que esos enclaves representan un *axis mundi*, un eje del mundo que comunica el cielo con la Tierra, y que, como ancestros divinizados, las montañas han proporcionado su identidad, su cohesión y su *anima mundi* a muchas sociedades, tribus, pueblos y naciones.

Jesús Callejo Cabo
Madrid, 2025

PRÓLOGO DE RUBÉN VILLALOBOS

Las pirámides temen a las montañas

Cuando Raúl me comentó que iba a escribir sobre montañas sagradas, no pude evitar pensar en mi principal área de estudio: el Antiguo Egipto. Para prácticamente cualquier civilización y cultura antigua, las montañas han sido lugares sagrados, pero si tuviera que destacar una en especial sería, sin duda, la egipcia.

Si nos basamos en la cosmovisión egipcia, el origen del mundo (y todo cuanto hay en él) está estrechamente ligado con una montaña o colina sagrada. Según su mitología, en el inicio no había ni cielo ni tierra ni día ni noche ni vida ni muerte, solo la oscuridad y un vasto océano inerte (Nun). De pronto, de las aguas brotó el Benben, la montaña de la creación, el montículo desde el cual se desarrolló la vida y todo lo conocido. De allí surgió Ra, el Sol, que iluminó por primera vez el mundo, y poco a poco fueron surgiendo el resto de las divinidades, los elementos esenciales para la vida y, por supuesto, la humanidad. Como vemos, en la cosmovisión egipcia el origen del mundo está estrechamente relacionado con una montaña sagrada, conocida como Benben. Por ello, las montañas estuvieron muy presentes a lo largo de los miles de años que duró dicha civilización. De hecho, la admiración que los antiguos egipcios sentían por las montañas sagradas llegó al punto de definir su mitología, su arquitectura e, incluso, el lugar de enterramiento de algunos de los más poderosos faraones, tal como veremos a continuación.

Antes de nada, debemos preguntarnos: ¿cuál fue el origen que los llevó a adorar como sagrados a estos lugares? Aún no sabemos con certeza la respuesta a esta cuestión, pero existe la creencia de que, tal vez, el origen de la cosmovisión egipcia surgió con las crecidas anuales del Nilo. Tras cada inundación y cuando las aguas del Nilo se iban retirando, lo primero que quedaba a la vista eran colinas de las que surgía la vida en forma de plantas tras haber sido regadas con el fértil limo que traía el agua, un limo que era crucial para que los agricultores cultivaran sus cosechas con éxito. Por otro lado, también existían montañas que quedaban indemnes ante las crecidas del Nilo, y quizá por eso los egipcios le dieron una importancia capital, generando dicho mito a su alrededor. Sea como fuere, cuando hablamos de la geografía egipcia, en el inconsciente colectivo está la imagen de que Egipto es una interminable superficie de dunas de arena que rodean al majestuoso Nilo. Sin embargo, entre su vasto territorio surgen montañas o colinas cuya importancia simbólica llegó a marcar de manera indeleble a su civilización. Un ejemplo de montaña sagrada egipcia es el-Qurn, a la que Raúl dedica un interesantísimo capítulo en este libro. Su impresionante aspecto, similar al de las pirámides que podemos encontrar en la famosa meseta de Guiza, fue clave para que faraones de la talla de Hatshepsut, Seti I, Ramsés II o Tutankamón eligieran sus pies como lugar de descanso eterno, y construyeran allí algunas de las tumbas más imponentes y bonitas de Egipto. Cualquier persona que haya estado en Egipto se habrá deleitado al acceder a innumerables templos para recorrerlos de principio a fin, desde el pilono o puerta de entrada hasta el *sancta sanctorum*, su lugar más sagrado, donde residían las divinidades en forma de estatuas y solo los sacerdotes tenían acceso. Allí, las estatuas recibían baños sagrados y ricas ofrendas a modo de banquete, con los mejores alimentos que podían encontrarse en el reino. Seguramente por el asombro de todo cuanto los rodea, los turistas no suelen percatarse de que al recorrer estas construcciones egipcias están subiendo una ligera pendiente. Y es que cada sala, cada estancia de los templos egipcios, está un poco más elevada que la anterior. Curiosamente, muchos de los templos recreaban al completo el mito de la creación. Por eso, a medida que se accede al interior más remoto se está subiendo de manera simbólica la montaña sagrada hasta llegar al *sancta sanctorum*, que representaría la zona más elevada, la cima de esta colina primigenia. De hecho, en ocasiones podemos apreciar que el muro exterior de algunos templos presenta formas onduladas, similares a las olas del mar, para recrear de manera fiel el agua primordial (Nun) de la que surgió la primera montaña sagrada.

Pero la fiebre egipcia por representar al Benben no acaba aquí. Las pirámides de Egipto son, entre otras cosas, la intención humana por reconstruir esa montaña primigenia. De hecho, en la cima de las pirámides se colocaba lo que se conoce como piramidión (o, precisamente, Benben), que no es más que una pequeña pirámide monolítica. En ocasiones se cubría con electro, que era una aleación de plata y oro, lo que le otorgaba una belleza y un brillo espectaculares, y era visible a kilómetros de distancia. Y hablando de pirámides, existe un proverbio árabe que dice: «El hombre teme al tiempo, pero el tiempo teme a las pirámides». Me gustaría, si me concedes la licencia, hacer una pequeña ampliación de origen propio a este famoso proverbio. Y es que estoy convencido de que los antiguos egipcios estarían de acuerdo conmigo en lo que voy a añadir. Así que para finalizar el prólogo de este magnífico libro de mi buen amigo Raúl, me gustaría agregar: «El hombre teme al tiempo, el tiempo teme a las pirámides, pero las pirámides temen a las montañas».

RUBÉN VILLALOBOS
EL EJIDO, MAYO DE 2025

INTRODUCCIÓN

Desde tiempos inmemoriales, las montañas han sido testigos silenciosos de la historia de la humanidad, guardianas de misterios ancestrales y fuentes de inspiración espiritual. En sus cimas y laderas, culturas de todo el mundo han encontrado refugio, orientación y un vínculo profundo con lo trascendental. Este libro es un viaje hacia esos espacios sagrados en los que la tierra toca el cielo, la naturaleza se convierte en un portal hacia lo divino y los mitos, las creencias y las tradiciones se entrelazan con la majestuosidad del paisaje.

Las montañas sagradas no son meramente accidentes geográficos; son símbolos universales de elevación, sacrificio y transformación. ¿Qué impulsa a las personas a peregrinar hasta sus cimas? ¿Por qué han sido veneradas como moradas de lo divino o como lugares de poder? Vamos a intentar contestar estas preguntas conectando relatos antiguos con reflexiones contemporáneas.

El estudio de las montañas sagradas puede enfocarse desde numerosos puntos de vista, ya sea geográfico, religioso, antropológico, paisajístico, pero sobre todo cultural, porque no podemos obviar que las montañas es un tema que se extiende por todo el planeta, no se circunscribe a un lugar o país concreto, sino que todas las culturas tienen acceso a un conjunto de ideas mágicas y sagradas que hace que estos accidentes geográficos tengan una significación especial. En muchas culturas, los animales o las plantas son considerados sagrados porque interactúan con el ser humano; de hecho, no podemos olvidar a nuestros prehistóricos, para los que toda la fauna formaba parte de la vida diaria, la adoraban, la representaban en las cavernas, la idolatraban. Sin embargo, las montañas son un tema más árido porque en principio no interactúan con los hombres, pero a lo largo del libro veremos que esto no es del todo cierto.

A través de leyendas, rituales y las vivencias de quienes han sentido su llamada, descubriremos que las montañas no solo son manifestaciones de la naturaleza, sino también espejos de nuestra búsqueda interna. Acompáñeme en esta travesía por los picos del mundo y las profundidades del espíritu, cada montaña sagrada guarda un mensaje, un desafío y, sobre todo, una promesa de conexión con lo eterno.

Las montañas son los templos más antiguos de la humanidad. En sus cimas, el aire se vuelve más puro, la perspectiva se amplía y la tierra parece acercarse al cielo. Para muchas culturas, estas majestuosas formaciones son moradas de dioses, puertas al inframundo o puntos de conexión con energías cósmicas. Desde los albores de la historia, el ser humano ha encontrado en las montañas algo más que su imponencia física. Ha visto en ellas un símbolo de lo inalcanzable, una representación del sacrificio, el esfuerzo y la recompensa espiritual que llega con la elevación, tanto física como metafórica.

Este libro es un homenaje a las montañas sagradas, aquellas que han sido investidas de significado por generaciones enteras. A lo largo de estas páginas viajaremos por los Himalayas, donde el monte Kailash se erige como un centro de devoción y peregrinaje; exploraremos las leyendas que envuelven al monte Olimpo, el hogar de los dioses griegos; y nos adentraremos en los Andes, donde los *apus*, son venerados como espíritus protectores por las comunidades indígenas. Cada una de estas montañas nos ofrece una ventana hacia las complejas relaciones entre la naturaleza, la espiritualidad y la identidad cultural.

Pero ¿qué es lo que convierte a una montaña en un lugar sagrado? ¿Es su forma, su altura, la dificultad para llegar? ¿Es acaso la relación entre el ser humano y el paisaje, un diálogo que se ha tejido a lo largo de los siglos? En el corazón de estas preguntas radica la conexión intrínseca entre lo físico y lo simbólico. Escalar una montaña sagrada no es solo un acto físico; es un viaje interno que desafía la resistencia, invita a la contemplación y, muchas veces, transforma a quienes emprenden el camino. Podemos afirmar que hay varios aspectos que las convierten en sagradas. En primer lugar, evidentemente, la altura; es decir, en determinadas sociedades, las que más destacan sobre otras siempre tienen más protagonismo cultural, y eso hace que empiecen a ser sacralizadas, consideradas incluso como un dios, personificadas y que adquieran un carácter o poder que solo es atribuible a los seres humanos. Otro aspecto que hace que una montaña sea sagrada es su singularidad; esto es, que su formación geológica las haga distintas a otras, como podría ser el monte Uluru. Otra pista es el lugar estratégico que puede ocupar y qué puede significar para una sociedad concreta. También es importante el origen etimológico de algunas de ellas, ya que, si nos remontamos a la raíz de su denominación, nos pueden sorprender. Así pues, lo que las convierte en sagradas es la combinación de altitud, forma geológica, lugar estratégico y ocurrencia de algún fenómeno extraño, místico o espiritual. Aunque también hay que considerar que la acepción de sagrada depende de cada cultura, religión o mentalidad social, ya que al igual que el monte Sinaí es la montaña sagrada por excelencia para el cristianismo, quizá para un hawaiano no cristiano lo sea alguno de sus volcanes.

Sin embargo, lo que más nos interesa es que las montañas han sido refugios para sabios, ascetas y visionarios, lugares de revelación y retiro. En el hinduismo y el budismo, la meditación en una cueva de montaña es considerada una práctica que acelera la iluminación. En el cristianismo, las montañas han sido escenarios de encuentros trascendentales con Dios, como en el caso del monte Sinaí o el monte de los Olivos. En las tradiciones indígenas de América y África, las montañas son vistas como seres vivos, guardianes de la tierra y mensajeros de lo divino. Este libro no solo recoge estas creencias, sino que también examina cómo las comunidades contemporáneas siguen conectándose con las montañas en busca de respuestas a los desafíos de la modernidad.

En un mundo marcado por la urbanización y la desconexión con la naturaleza, las montañas sagradas nos ofrecen una lección invaluable. Nos recuerdan nuestra pequeñez ante la inmensidad del cosmos, pero también nuestra capacidad de elevarnos, de superar límites y de encontrar lo sublime en el entorno y en nosotros mismos. Al acercarnos a estas montañas, ya sea a través del peregrinaje físico o del viaje imaginativo que proponemos aquí, nos reencontramos con valores esenciales: el respeto por lo natural, la importancia del esfuerzo y la búsqueda constante de significado.

A lo largo de estas páginas, analizaremos las historias que las rodean, los rituales que las honran y las transformaciones personales que inspiran. Estas cumbres nos invitan a redescubrir nuestro lugar en el universo, a mirar más allá de lo inmediato y a escuchar el susurro del viento que nos habla de eternidad.

Este libro no es solo un relato geográfico ni una recopilación de mitos; es un viaje a lo profundo del alma humana. Cada capítulo es una parada en un camino que nos lleva a entender cómo las montañas sagradas han moldeado culturas, inspirado fe y desafiado la percepción de lo posible. Con cada relato buscamos no solo rendir homenaje a estas maravillas naturales y espirituales, sino también despertar en el lector el deseo de mirar hacia las alturas, de caminar con los pies en la tierra, pero con la vista puesta en el horizonte infinito (esta frase se la debo a mi buen amigo Jesús Callejo).

Bienvenido a esta travesía por las montañas sagradas del mundo. Que sus historias te inspiren, que sus alturas te desafíen y que, como tantos antes que tú, encuentres en sus cumbres una conexión con lo eterno.

Raúl Ferrero
Valencia, 2025

1

ASIA

El monte de los Olivos

Situado al este de Jerusalén, separado de la ciudad por el valle de Cedrón, el monte de los Olivos es uno de los sitios más emblemáticos de la espiritualidad judeocristiana. No solo ofrece una vista privilegiada de la Ciudad Santa, sino que se erige como un escenario sagrado en el que se entrelazan profecías, oraciones, lágrimas y esperanza mesiánica. Este monte no es solo geografía; es teología viva. En las Sagradas Escrituras, el monte de los Olivos se revela como un punto de encuentro entre Dios y la humanidad, y en el que la historia sagrada se escribió entre olivos antiguos, testigos silentes de promesas eternas.

Desde tiempos del Antiguo Testamento, el monte de los Olivos sirvió como refugio para quienes buscaban la presencia de Dios. En 2 Samuel 15:30, el rey David huye de Jerusalén tras la rebelión de su hijo Absalón, y asciende el monte llorando, descalzo y con la cabeza cubierta, como símbolo de humildad y súplica:

> David subió la cuesta del monte de los Olivos, llorando mientras subía; llevaba la cabeza cubierta y caminaba descalzo. Todo el pueblo que iba con él cubría también su cabeza y lloraba mientras subía (2 Samuel 15:30).

Aquí, el monte aparece como espacio de dolor, pero también de oración y confianza en la justicia divina.

Durante su ministerio, Jesús eligió frecuentemente el monte de los Olivos como sitio de retiro espiritual y enseñanza. Allí pronunció el famoso discurso del monte de los Olivos, también conocido como discurso escatológico, en el que habló del fin de los tiempos y de su retorno glorioso (Mateo 24-25).

> Jesús salió del templo y, mientras se iba, se le acercaron sus discípulos para mostrarle los edificios del templo... Y estando él sentado en el monte de los Olivos, los discípulos se le acercaron aparte, diciendo: «Dinos, ¿cuándo serán estas cosas?» (Mateo 24:1,3).

En este lugar, el monte se transforma en aula divina, donde el Maestro instruye sobre los misterios del Reino.

En el huerto de Getsemaní, ubicado en la falda del monte de los Olivos, Jesús experimentó su hora más humana y divina, la agonía previa a la crucifixión.

> Entonces, Jesús fue con ellos a un lugar llamado Getsemaní, y dijo a sus discípulos: «Siéntense aquí, mientras voy allí y oro» (Mateo 26:36).

Allí, sudando sangre (Lucas 22:44) y enfrentando el peso del pecado del mundo, Jesús se sometió a la voluntad del Padre, santificando el lugar con su obediencia perfecta. Finalmente, tras su resurrección, fue en el monte de los Olivos desde donde Jesús ascendió al cielo:

> Entonces regresaron a Jerusalén desde el monte llamado de los Olivos, que está cerca de Jerusalén, camino de un día de reposo (Hechos 1:12).

Este hecho cierra el ciclo espiritual del monte como punto de conexión entre cielo y tierra, en el que Cristo, tras consumar la redención, regresa al Padre prometiendo volver.

El monte de los Olivos actúa como un umbral sagrado entre la ciudad terrenal de Jerusalén y la Jerusalén celestial. Espiritualmente, es un lugar en el que se trasciende lo cotidiano y se accede al misterio divino.

Las profecías de Zacarías y la promesa de la segunda venida sitúan al monte de los Olivos como el escenario del triunfo final de Dios sobre el mal. Aún hoy, muchos fieles consideran que allí se desatarán los últimos eventos apocalípticos, motivo por el cual desde tiempos antiguos se han construido cementerios a sus pies, con la esperanza , de los que allí descansan, en ser los primeros en resucitar cuando llegue el Mesías.

> En aquel día, sus pies se posarán sobre el monte de los Olivos (Zacarías 14:4).

Según el teólogo J. J. Collins: «El monte de los Olivos se convierte en símbolo apocalíptico, anticipando la irrupción divina final que restaurará a Israel» (Collins, 1998, p. 314).

Siguiendo el ejemplo de Cristo en Getsemaní, el monte de los Olivos enseña al creyente la importancia de velar y orar, en especial en tiempos de prueba. Es un monte que recuerda que antes de toda resurrección hay una agonía, y que en la entrega total a Dios se encuentra la verdadera paz.

El monte de los Olivos no es solo un sitio geográfico o un recuerdo histórico sino que es un espacio eterno en el que la humanidad ha aprendido a llorar, esperar y confiar. Allí, los ecos de las oraciones de David, las profecías de Zacarías y las lágrimas de Jesús aún resuenan entre los olivos centenarios. Su sacralidad emana de los pasos de quienes buscando a Dios hallaron que el monte no solo eleva la vista hacia Jerusalén, sino también el corazón hacia el cielo.

Foto cortesía de Manuel Fernández Muñoz.

Monte Kailash, el eje del mundo y la morada de los dioses

En lo profundo de los Himalayas, rodeado de una vastedad de valles desolados y picos eternamente nevados, se encuentra el monte Kailash, un coloso de 6.638 metros de altura que ha capturado la imaginación y la devoción de innumerables generaciones. Más que una montaña, Kailash es una de las cumbres más sagradas del mundo, un lugar en el que la geografía, la espiritualidad y el mito se entrelazan de manera única. Considerado el «eje del mundo» o *axis mundi*, esta montaña es reverenciada por varias tradiciones religiosas, entre ellas el hinduismo, el budismo, el jainismo y la religión Bön, que la consideran un centro de poder cósmico, un lugar en el que el universo se alinea con lo divino.

Para los hindúes, Kailash es la morada de Shiva, el dios destructor y transformador del universo, y de su consorte Parvati. Según las escrituras, Shiva reside en la cima de la montaña, sentado en profunda meditación, mientras baila el *tandava*, la danza cósmica de la creación y destrucción. Este simbolismo convierte a Kailash en un lugar de inmensa importancia espiritual, en el que los fieles buscan la bendición de Shiva y la oportunidad de trascender los ciclos del nacimiento y la muerte.

En el budismo, Kailash es identificado como el hogar de Demchok (o Chakrasamvara), una deidad tántrica asociada con la iluminación y la dicha suprema. Los budistas tibetanos consideran la montaña como un mandala natural y la circunvalación de sus 52 kilómetros, conocida como *kora*, un acto de purificación que puede borrar los pecados de toda una vida.

Para los practicantes del jainismo, Kailash es el lugar en que el primer Tirthankara, Rishabhanatha, alcanzó la liberación espiritual *(moksha)*. En la tradición Bön, anterior al budismo en el Tíbet, el monte es la morada de los espíritus y deidades protectoras, un espacio en el que las fuerzas de la naturaleza y el cosmos convergen en armonía.

El monte Kailash no es solo venerado por su conexión con las divinidades, sino también por su forma singular y su ubicación estratégica. Con una estructura que se asemeja a una pirámide perfecta, el monte destaca entre los picos irregulares que lo rodean, e irradia un aura que parece casi sobrenatural. Las cuatro caras del monte están alineadas con los puntos cardinales, y de su base nacen algunos de los ríos más importantes de Asia: el Indo, el Sutlej, el Brahmaputra y el Karnali (afluente del Ganges). Esta conexión con las principales arterias fluviales de la región refuerza la idea de Kailash como el eje de la vida y la fertilidad.

Según las tradiciones tibetanas, el monte está rodeado por ocho monasterios y diversos lugares sagrados que representan un mandala cósmico. Los glaciares de la región son vistos como depósitos de pureza, mientras que el cercano lago Manasarovar, considerado el lago más alto del mundo, es venerado como un espejo de la perfección celestial. Se cree que sumergirse en sus aguas, o incluso solo verlas, purifica el karma y eleva el espíritu.

Para los peregrinos, la circunvalación del Kailash *(kora)* es más que un acto físico; es una experiencia espiritual profunda. Realizar los 52 kilómetros de este recorrido a pie o postrándose es un acto de fe y devoción que simboliza la rendición del ego y la conexión con lo eterno. Se cree que una *kora* bien realizada limpia los pecados de una vida, trece *koras* prometen borrar el karma de múltiples existencias y completar 108 asegura la iluminación.

El sendero no está exento de dificultades donde los peregrinos se enfrentan a condiciones climáticas extremas, altitudes que superan los 5.000 metros y un terreno traicionero. Sin embargo, estos desafíos son vistos como pruebas espirituales que purifican el cuerpo, la mente y el alma.

A pesar de su popularidad espiritual, el monte Kailash es único entre las montañas sagradas porque nunca ha sido escalado. Los himalayistas más experimentados han renunciado a intentar su cumbre debido al profundo respeto que merece. Para las comunidades locales y los devotos, escalar Kailash sería una profanación, una intrusión en un espacio reservado a los dioses. Esta inviolabilidad ha permitido que la montaña conserve su pureza y su misterio y reforzar su estatus como un símbolo intocable de lo sagrado.

En un mundo en el que el turismo de aventura y la explotación de recursos naturales han puesto en peligro muchos lugares sagrados, Kailash se mantiene como un bastión de espiritualidad y reverencia. Sin embargo, su popularidad también atrae a miles de visitantes cada año, lo que ha planteado desafíos en términos de sostenibilidad y preservación cultural. A pesar de esto, el monte Kailash sigue siendo un faro de fe que atrae a personas de todas las religiones y nacionalidades en busca de una conexión más profunda con lo divino.

Con su aura mística y su inviolabilidad, Kailash continúa siendo un recordatorio de lo sublime, un punto en el que la humanidad y la naturaleza convergen para inspirar una reflexión sobre lo eterno. A medida que las generaciones actuales y futuras se acerquen a sus laderas, el desafío será mantener viva su sacralidad no solo como un lugar físico, sino como un símbolo universal de la búsqueda espiritual y el respeto por lo sagrado.

La sacralidad del monte Ararat y sus enigmas

El monte Ararat, una majestuosa montaña situada en la frontera entre Turquía, Armenia e Irán, ha sido durante siglos un símbolo cargado de significados históricos, religiosos y culturales. Con sus dos picos principales, el Gran Ararat (5.137 metros sobre el nivel del mar) y el Pequeño Ararat (3.896 metros), esta cumbre no solo domina el paisaje de la región, sino también el imaginario colectivo de varias civilizaciones. Su importancia trasciende la geografía, ya que el monte Ararat se ha convertido en un faro de sacralidad y misterio, que atrae tanto a creyentes como a exploradores y estudiosos.

El monte Ararat es venerado principalmente en el contexto de las tradiciones abrahámicas. Según la narrativa bíblica, es el lugar en el que el arca de Noé se posó después del diluvio universal, un evento descrito en el libro del Génesis. Aunque la Biblia menciona «las montañas de Ararat» en plural, la tradición posterior identificó este monte específico como el sitio del descanso del arca. Este relato ha otorgado al Ararat un estatus sagrado al convertirlo en un símbolo de redención, renacimiento y promesa divina.

En la tradición armenia, el monte Ararat tiene una relevancia particular. Considerado un ícono nacional, está profundamente entrelazado con la identidad cultural y religiosa del pueblo armenio. Si bien en la actualidad se encuentra en territorio turco, sigue siendo un elemento central en la heráldica y la memoria histórica de Armenia. Los armenios ven al Ararat como el lugar en el que comenzó la humanidad después del diluvio, y a menudo la montaña se asocia con la esperanza y la perseverancia frente a la adversidad.

Exploradores, arqueólogos y aventureros han dedicado sus vidas a buscar pruebas tangibles en sus heladas laderas, pero hasta ahora ninguna evidencia definitiva ha sido encontrada. Entre los testimonios más destacados se encuentra el relato de José de Arimatea, un autor armenio medieval que afirmaba que en su tiempo había fragmentos visibles del arca. En épocas más recientes, expediciones como la de Ron Wyatt en el siglo XX han captado la atención internacional con fotografías y teorías sobre la posible ubicación del arca. Sin embargo, los desafíos logísticos, las difíciles condiciones climáticas y las restricciones políticas en la región han impedido una investigación exhaustiva y sistemática. No obstante, como diría el arqueólogo y escritor Charles Berlitz: «Un nombre que promete y enseña, ordena y a veces incluso amenaza. Este nombre es Ararat» («En busca del arca helada», revista *Muy Interesante*, n.º 33, julio de 1988).

Hay que tener en cuenta que la creencia de que el arca reposa en sus montañas no es exclusiva del judeocristianismo, ya que, a modo de ejemplo, los turcos llaman Adridagi (monte del arca) al

Ararat, los persas se refieren a ella como Kuhi-Nuih (montaña de Noé) y los musulmanes le dicen El Judi o el primer lugar de descanso. Sea como fuere, el Ararat es un lugar sagrado, simbólico, totémico. Hemos indicado que en la propia Biblia se hace referencia al Ararat como el lugar en el que encalló el Arca, en concreto en Génesis 8:4, pero también el mito sumerio de Gilgamesh hace referencia a ello, y menciona a Ut-napistim, que sería el Noé sumerio. Demasiadas coincidencias para que no haya algo de cierto en esta leyenda, ¿no crees?

Podemos continuar con más referencias al Ararat y al arca. Como cuenta Flavio Josefo: «Parte de la nave se encuentra todavía en Armenia, y algunas gentes le quitan los trozos de pez y se los llevan, los persas los utilizan como amuletos». O también, por ejemplo, Nicolás de Damasco, amigo y biógrafo de Herodes el Grande, en el libro 96 de su *Historia universal* nos dice: «En Armenia, más allá de la región de Mineas, hay una montaña enorme, en la que cuenta la tradición que se refugió mucha gente con ocasión de un diluvio, y lograron salvarse, y cuenta que cierta persona que navegaba en un arca encalló en la cima de la montaña, y que se conservarían por mucho tiempo los restos del maderamen».

Si lo que acabamos de narrar es sorprendente, no lo es menos lo que se cuenta del resto de un trozo de madera del arca que se conservó durante muchos años en el monasterio de Etchmiadzine, ubicado al pie de la montaña sagrada y en la actualidad en ruinas. Se dice que este recinto guardó durante años un trozo de madera petrificado del arca. Según una leyenda que data de la era cristiana, un monje decidió emprender un viaje iniciático desde el monasterio hasta la cima de la montaña sagrada para rendir devoción a Dios. No alcanzó su objetivo porque a mitad de la ascensión se le apareció un ángel que lo hizo desistir de su aventura debido a que mientras el arca permaneciera en tal lugar, Dios no permitiría que nadie se acercara a ella. Compasivo de tal afrenta al monje, el ángel decidió otorgarle un presente, y le dio un trozo de madera del arca, y cuenta la leyenda que el monje la custodió en el monasterio. No se puede acreditar esta leyenda puesto que la destrucción del templo por un enorme terremoto hizo desaparecer la reliquia (André Parrot, *El diluvio y el arca*, Editorial Garriga, Barcelona, 1961).

Pero el del arca no es el único enigma mediático y conocido del monte Ararat, otro misterio intrigante es el origen geológico y volcánico de la montaña. Aunque es un volcán extinto, su forma cónica y su aislamiento geográfico lo convierten en un punto de interés para los científicos. Los glaciares permanentes en la cumbre y las misteriosas formaciones rocosas en las laderas han llevado a teorías sobre su antigüedad y los procesos naturales que dieron forma a la imponente estructura. Algunos estudiosos también han especulado acerca de la posibilidad de que antiguos eventos volcánicos estén vinculados simbólicamente con relatos de cataclismos en las tradiciones locales.

El monte Ararat también ha dejado una huella indeleble en la literatura, el arte y la música. Poetas armenios como Yeghishe Charents han cantado alabanzas a la montaña, y la vieron como un faro de inspiración y un recordatorio de la resiliencia de su pueblo. En la iconografía religiosa, el Ararat aparece a menudo como telón de fondo de escenas bíblicas, lo que refleja su importancia en la espiritualidad y la mitología.

En el contexto moderno, el monte sigue siendo un símbolo de unidad y esperanza, pero también de conflicto y pérdida. La diáspora armenia lo ve como un recordatorio de la patria, mientras que las tensiones políticas entre Turquía y Armenia complican el acceso y la exploración. A pesar de estas divisiones, la montaña permanece como un puente entre lo terrenal y lo divino y desafía a los seres humanos a comprender sus misterios y su trascendencia.

Además de su sacralidad religiosa y su importancia en el imaginario cultural, está rodeado de fascinantes teorías y relatos que despiertan la imaginación. Entre estos destaca la especulación respecto a un mundo oculto en su interior, así como otras historias de fenómenos inexplicables y estructuras enigmáticas. Estos misterios añaden otra capa de profundidad al magnetismo de la montaña y atraen no solo a los devotos religiosos, sino también a los investigadores de lo paranormal y a los entusiastas de los enigmas geológicos.

La idea de que el monte Ararat pueda esconder entradas a un mundo subterráneo se conecta con la antigua teoría de la Tierra hueca, una hipótesis que propone la existencia de vastos espacios dentro del planeta, habitados por civilizaciones desconocidas o fenómenos naturales extraordinarios. Pese a que esta teoría ha sido desacreditada por la ciencia moderna, los relatos sobre túneles, cámaras subterráneas y accesos misteriosos en las profundidades del Ararat persisten en diversas tradiciones y teorías conspirativas.

Algunos exploradores han afirmado que en las entrañas de la montaña podrían existir vastas cavernas naturales que, según las leyendas locales, serían el refugio de antiguas civilizaciones o incluso de seres sobrenaturales. En el folclore armenio se habla de la montaña como una «puerta a un mundo invisible» en el que las almas y los espíritus encuentran descanso. Estas historias, combinadas con informes de exploradores que aseguran haber encontrado entradas bloqueadas o estructuras anómalas en las laderas, alimentan la especulación de que el monte Ararat podría ser más que una simple formación volcánica. En las tradiciones armenias y de los pueblos cercanos, el monte Ararat ha sido considerado un lugar en el que habitaron seres de gran sabiduría. Estas historias hablan de una civilización antigua que construyó refugios en las profundidades de la montaña para protegerse de cataclismos venideros. Según algunos relatos, estas civilizaciones podrían haber dejado ocultas en la montaña reliquias tecnológicas avanzadas que esperan ser descubiertas por futuras generaciones. Una leyenda, en particular intrigante, cuenta que en el interior del Ararat se esconde una ciudad subterránea conocida como el Refugio del Diluvio, construida por los supervivientes del cataclismo global para preservar conocimientos y objetos sagrados. Si existiera, esta ciudad sería accesible únicamente por pasajes secretos bien custodiados por los glaciares y la roca volcánica.

Otro de los enigmas del monte Ararat es la aparición de lo que algunos investigadores llaman anomalías estructurales en las laderas y los glaciares. Una de las más célebres es la llamada «anomalía del Ararat», descubierta en fotografías aéreas tomadas durante la Guerra Fría. Esta anomalía parece ser una formación rectangular oculta bajo el hielo y la nieve, algunos la han interpretado como restos del arca de Noé, pero otros sugieren que podría tratarse de una estructura artificial, quizá de origen desconocido.

Estas formaciones han sido descritas como perfectamente talladas en roca volcánica, con proporciones que sugieren un propósito deliberado. Aunque la falta de pruebas concretas ha impedido validar estas afirmaciones, su existencia sigue alimentando teorías sobre civilizaciones antiguas que habrían habitado la región mucho antes de que se conociera la historia escrita.

El monte Ararat también ha sido escenario de múltiples relatos de fenómenos extraños, desde luces inexplicables en el cielo hasta sonidos provenientes de las profundidades de la montaña. Algunos escaladores han hablado de una sensación de «presencia» mientras ascienden, y describen experiencias que van desde voces susurrantes hasta visiones fugaces de figuras humanas en áreas deshabitadas.

Entre los relatos más curiosos hay quienes afirman haber visto orbes luminosos desplazándose sobre las cumbres, en especial durante tormentas o en noches despejadas. Si bien podrían explicarse como efectos atmosféricos, estos fenómenos han llevado a algunos a proponer la idea de que el monte Ararat podría ser un centro de energía o incluso un punto de contacto con dimensiones alternas.

El monte Ararat también se ha asociado con teorías sobre la existencia de redes de energía que conectan montañas sagradas en todo el mundo. Algunos investigadores de lo esotérico argumentan que el Ararat actúa como un nodo de energía espiritual, conectado con lugares como el monte Kailash en el Tíbet o las pirámides de Egipto. Supuestamente, esta red, conocida como la «malla energética de la Tierra», canaliza energías cósmicas que influyen en la conciencia humana y en la evolución del planeta.

Los exploradores que se adhieren a estas teorías a menudo describen una sensación de paz, claridad y trascendencia cuando están en las cercanías del Ararat. Esto, combinado con las experiencias inexplicables y los relatos locales, refuerza la percepción del monte como un lugar profundamente místico.

El monte Nebo, santuario de fe, historia y misterio

Ubicado a unos 10 kilómetros al oeste de Madaba, en Jordania, el monte Nebo es uno de los sitios más venerados en la historia y la religión. Reconocido por la tradición judeocristiana como el lugar desde el cual Moisés, el gran líder y profeta, vio la Tierra Prometida, también se le atribuye ser su lugar de descanso final. Si bien la tumba nunca ha sido encontrada, para millones de creyentes a lo largo de los siglos el monte Nebo ha perdurado como un símbolo de esperanza, cumplimiento y fe, y quien sabe si el lugar de descanso eterno de Moisés. El monte alcanza una altura de unos 817 metros sobre el nivel del mar.

En la narrativa bíblica, el monte Nebo es mencionado específicamente en el libro del Deuteronomio 34:1-6. Después de haber guiado al pueblo de Israel durante cuarenta años por el desierto, Moisés subió al monte desde las llanuras de Moab para contemplar la Tierra Prometida que Dios había jurado a Abraham, Isaac y Jacob. Se dice que desde ese lugar Moisés pudo ver los fértiles valles de Canaán, aunque no le fue permitido cruzar el río Jordán. El monte simboliza un punto culminante en la historia espiritual de Israel, en la que la promesa divina se materializa en la visión del destino final. Para muchas personas, este acto de contemplar sin alcanzar representa una lección espiritual sobre la fe, la obediencia y el propósito mayor en la vida. Es interesante traer a colación lo que el escritor Manuel Fernández Muñoz relata en su libro *El Grial de la Alianza* sobre el monte Nebo y la tumba de Moisés.

> Sabemos que Moisés no pudo entrar en Israel y que se tuvo que conformar con ver la Tierra Prometida desde la cumbre del monte Nebo, donde después sería enterrado en el valle. Etheria, una monja de origen hispano del siglo IV, consignó en su libro de viajes *Itinerarium al*

Loca Sancta su visita a este enclave, empero encima del monte, donde la tradición local sostenía que se hallaba el sepulcro de Moisés. Sin embargo, nunca se han encontrado allí restos de ninguna tumba, a pesar del excéntrico Tom Crotsed, que afirmaba haber hallado un hipogeo bajo la actual capilla franciscana, pero que, no obstante, Dios le había ordenado que no le revelara a nadie su ubicación exacta. Según Deuteronomio 35, el monte Nebo está al otro lado del Jordán, frente a Jericó, pero también advierte, como después haría el profeta Jeremías, que la tumba de Moisés no será encontrada hasta la expiación de todos los pecados del pueblo hebreo, lo que sucederá con la llegada del Mesías.

Y así lo narra Deuteronomio 34:5-7: «Allí murió Moisés, servidor de Yahvé, en el país de Moab, como había dispuesto Yahvé. Se le enterró en el valle, en el país de Moab, frente a Bet Peor. Nadie hasta hoy ha conocido su tumba». Y me temo que así seguirá siendo hasta el fin de los días.

Además, el monte Nebo tiene relevancia para el islam, en el que Moisés (Musa) es un profeta destacado en el Corán. Esta conexión interreligiosa refuerza su importancia como un lugar sagrado compartido por diferentes tradiciones.

El monte Nebo no es solo un lugar de relevancia espiritual, sino también un tesoro arqueológico. Desde la época bizantina, el monte ha sido un sitio de peregrinación. Entre los vestigios más destacados se encuentra la Basílica de Moisés, construida por los primeros cristianos en el siglo IV para honrar la memoria del profeta. Este complejo incluye una iglesia principal, construida originalmente como una estructura simple, fue ampliada durante los siglos posteriores y se convirtió en un importante centro de devoción. En el interior de la iglesia se pueden contemplar mosaicos bizantinos que representan escenas de caza, pastoreo y animales salvajes, una muestra del arte y la espiritualidad de la época. Este monasterio, que pertenece a la orden franciscana, ha trabajado desde el siglo XX en la preservación y restauración del sitio, y se añadieron instalaciones para facilitar el acceso a los peregrinos y visitantes.

Uno de los símbolos más reconocidos en el monte Nebo es la Cruz Serpentina, diseñada por el escultor italiano Giovanni Fantoni. Esta cruz de metal, que se eleva hacia el cielo, combina la imagen de la serpiente de bronce levantada por Moisés en el desierto con la cruz cristiana y simboliza la redención y sanación.

Desde la cima del monte Nebo, los visitantes pueden disfrutar de vistas que se extienden por kilómetros. En un día despejado, se pueden ver:

◊ El río Jordán.
◊ El mar Muerto.
◊ Las colinas de Judea.
◊ La ciudad de Jericó e incluso Jerusalén.

Este panorama no solo proporciona una perspectiva geográfica impresionante, sino que también invita a la reflexión espiritual. La vista desde el monte sirve como una conexión tangible con las Escrituras y la experiencia de Moisés.

Hoy en día, el monte Nebo es un destino turístico y de peregrinación significativo. Es visitado anualmente por miles de personas que buscan una experiencia espiritual, histórica o cultural. En 2000, el papa Juan Pablo II realizó una histórica visita al sitio y plantó un olivo como símbolo de paz en Oriente Medio. Más tarde, en 2009, el papa Benedicto XVI continuó este legado con su propia visita, y consolidó aún más el estatus del monte Nebo como un lugar sagrado para los cristianos.

En 2016, tras una extensa restauración, con nuevas instalaciones para preservar los antiguos mosaicos y facilitar el acceso a los visitantes, la Basílica de Moisés fue reabierta al público.

Como he afirmado en párrafos anteriores, pese a que la tradición afirma que Moisés fue enterrado en el monte Nebo, el texto bíblico señala que nadie sabe la ubicación exacta de su tumba (Deuteronomio 34:6). Este enigma ha generado especulación y reverencia a lo largo de los siglos, algo que ha dejado al monte Nebo envuelto en un aura de misterio que añade un elemento místico a su carácter sagrado.

Monte Tabor, cumbre de la transfiguración y portal de la luz divina

Situado en la región de Galilea, al norte de Israel, el monte Tabor es una colina aislada que se eleva abruptamente sobre el paisaje circundante, y alcanza una altura de aproximadamente 575 metros. Desde su cima, ofrece vistas espectaculares de los alrededores, incluyendo el valle de Jezreel, las montañas de Galilea, el monte Carmelo y en días despejados incluso el mar de Galilea. El monte tiene una forma redondeada y está cubierto de una rica vegetación, con olivos, cipreses y otras plantas mediterráneas que embellecen su entorno.

Este monte tiene un profundo significado espiritual y religioso, en especial para el cristianismo, ya que se considera el lugar tradicional de la Transfiguración de Jesús, un acontecimiento narrado en los Evangelios de Mateo (17:1-9), Marcos (9:2-8) y Lucas (9:28-36).

Según el relato bíblico, Jesús llevó a tres de sus discípulos, Pedro, Santiago y Juan, a una montaña alta, identificada tradicionalmente como el monte Tabor. Allí, Jesús se transfiguró delante de ellos: «Su rostro resplandeció como el sol y sus vestiduras se volvieron blancas como la luz». En ese momento aparecieron Moisés y Elías conversando con Jesús, el primero representa la ley, y el segundo los profetas, simbolizando la culminación de las promesas del Antiguo Testamento en la persona de Jesús. Una nube brillante los cubrió, y desde la nube se escuchó una voz que dijo: «Este es mi Hijo amado, en quien tengo complacencia. Escúchenlo». Esto reveló la divinidad de Jesús y anticipó su resurrección gloriosa reafirmando su misión como el Mesías.

El monte ha sido un lugar de peregrinación desde tiempos antiguos. En la cumbre, se encuentran importantes sitios religiosos, como la Basílica de la Transfiguración, construida en 1924 por los franciscanos sobre las ruinas de iglesias bizantinas y cruzadas. Diseñada por el arquitecto Antonio Barluzzi, la basílica tiene tres capillas dedicadas a Jesús, a Moisés y a Elías y evoca el relato bíblico.

Rodeado de una naturaleza impresionante, el monte Tabor no solo es un lugar de profunda espiritualidad, sino también un destino que ofrece vistas panorámicas espectaculares de la región, lo que añade una dimensión contemplativa al viaje de los peregrinos. La tradición y la historia hacen del monte Tabor un lugar esencial para quienes buscan conectar con los momentos clave de la vida de Jesús y meditar sobre la revelación divina.

A lo largo de los siglos, el significado sagrado y estratégico ha sido palpable. Se cree que, durante la época cananea, el monte tenía importancia religiosa para dicha cultura antes de la llegada de los israelitas. Su altura y su aislamiento lo convertían en un lugar propicio para rituales religiosos. Asimismo, en el Antiguo Testamento, el monte Tabor aparece como un punto de referencia y un lugar de batalla. En el libro de Jueces (4:6-16) es mencionado como el lugar en que la profetisa Débora y el general israelita Barac reunieron a sus tropas para enfrentarse al ejército cananeo liderado por Sísara. Esta victoria se convirtió en un símbolo del poder de Dios al liberar a su pueblo. De forma más tardía, en el período helenístico y romano, el monte Tabor era conocido por su relevancia estratégica y militar. Más tarde, en la época romana, su ubicación lo convirtió en un lugar clave en algunas revueltas judías. En la tradición cristiana, la Transfiguración no solo señala la divinidad de Jesús, sino que también inspira a los creyentes a vivir transformados por su gracia. La festividad de la Transfiguración del Señor se celebra el 6 de agosto y atrae a numerosos peregrinos a la basílica.

Además, el monte Tabor está rodeado de un significado místico que lo hace especial; de hecho, es necesario mencionar que durante la Transfiguración aparece la llamada luz taboriana. Los Evangelios describen cómo el rostro de Jesús resplandeció como el sol y sus vestiduras se volvieron blancas como la luz. Esta manifestación de luz ha sido interpretada como un símbolo de la energía divina y la gloria celestial.

En la tradición ortodoxa oriental, esta luz se conoce como la Luz Increada, un concepto central en la teología hesicasta. Según los místicos hesicastas, esta luz es una manifestación directa de la esencia divina que puede ser experimentada por los seres humanos a través de la oración profunda, el ayuno y la purificación espiritual. El monte Tabor, por lo tanto, no solo representa un lugar físico, sino un estado de elevación espiritual en el que se disuelven los límites entre lo humano y lo divino. San Gregorio Palamás, uno de los principales teólogos del misticismo oriental, vinculó el acontecimiento de la Transfiguración con la idea de que los seres humanos pueden participar en la gloria divina a través de la *teosis* o divinización. Según esta perspectiva, el monte Tabor se convierte en un símbolo de esperanza y promesa mística: la capacidad del ser humano de ser transformado por la gracia divina y compartir la luz de Dios. También en el cristianismo ortodoxo el monte Tabor se ha convertido en un lugar espiritual y místico en el que se enfatiza la práctica de la oración del corazón (como el «Señor Jesús, ten piedad de mí») para experimentar una conexión similar a la luz taboriana.

El monte Tabor tiene una trascendencia espiritual y mística que nos une con la esencia de lo divino, y permite transmutar más allá de lo terrenal y conectar con sensaciones y experiencias que nos evocan lo más sagrado de la existencia, nuestro propio yo.

El monte Merón, un faro de historia, espiritualidad y naturaleza

Ubicado en el norte de Israel, el monte Merón es mucho más que el punto más alto de Galilea. Desde la cima se puede ver el monte Hermón, el monte Tabor, el valle del Jordán y los pueblos de la Galilea.

Este imponente pico, que se alza 1.208 metros sobre el nivel del mar, es un lugar de encuentro entre historia, religión, cultura y naturaleza. En la primera etapa de la *Historia rabínica* —Jasál, compiladores del Talmud— se le denomina Zabed. Con las primeras *alioth* a Eretz Israel, se le llamó monte Atzmón, que es un nombre que proviene de los escritos de Flavio Josefo (Yosef Ben Matitiahu). Después de la refundación del Estado de Israel se empezó a llamar Har Merón, el monte Merón, הר מירון.

Con su importancia en el judaísmo, su riqueza ecológica y su papel en las tradiciones locales, el monte Merón se erige como un símbolo de la conexión entre el hombre y la tierra. Es lugar de descanso del rabino Shimon bar Yojai, considerado el autor del Zóhar (el texto fundacional de la Cábala), que en hebreo significa radiancia. Según el Zóhar, la llegada del Mesías será precedida por una profunda revelación de sabiduría divina, que está intrínsecamente ligada al misticismo y a las enseñanzas contenidas en este texto. Algunos cabalistas creen que, por su asociación con el Zóhar, el monte Merón se convierte en un lugar cargado de energía mesiánica. La tumba de Bar Yojai es el epicentro de la celebración de Lag BaOmer, una festividad que atrae a miles de peregrinos cada año y convierte el monte en un escenario de fervor religioso con cánticos, danzas y fogatas que iluminan la montaña durante la noche. Los fieles acuden en busca de bendiciones, curación y una conexión espiritual con el sabio, que es venerado como un maestro de sabiduría y un místico iluminado.

Como toda montaña sagrada, el monte Merón está impregnado de un aura mística. Según la tradición, Shimon bar Yojai alcanzó un estado elevado de conexión con lo divino mientras se ocultaba en una cueva de la persecución romana. Este vínculo místico con lo sagrado hace que la montaña sea vista como un lugar en el que las barreras entre lo terrenal y lo celestial se disuelven.

En la tradición cabalística, se dice que ciertos lugares del mundo están imbuidos de una energía espiritual especial, y el monte Merón es uno de ellos. En este sentido, el monte Merón podría tener un papel simbólico en la llegada del Mesías, ya que se considera que la redención implicará una transformación espiritual profunda, tanto para los individuos como para el mundo. Es llamativo el paralelismo entre el monte de los Olivos y el monte Merón. Así pues, según muchas interpretaciones judías, el primero es el lugar en el que el Mesías se manifestará, y el segundo es visto por los cabalistas como un lugar en el que la energía espiritual del Mesías puede sentirse y activarse. En la actualidad, el monte Merón es percibido como un punto en el que las almas pueden conectarse con las dimensiones superiores de la existencia y prepararse para el tiempo de transformación y luz mesiánica que los cabalistas describen como el *Gueulá* (redención final).

El monte Hermón

El monte Hermón es una de las montañas más emblemáticas de Oriente Próximo, no solo por su imponente altura, sino también por su relevancia histórica, religiosa y geopolítica. Situado en la frontera entre Siria, Líbano e Israel, este macizo montañoso se alza hasta los 2.814 metros sobre el nivel del mar, siendo la cumbre más alta de la región. También se la denomina «montaña nevada», «montaña de los cabellos grises» y «montaña de nieve». La palabra *hermón* puede derivar de la raíz semítica *ḥrm*, que significa «consagrado» o «prohibido», lo que refuerza su conexión con lo sagrado y lo misterioso. No cabe duda de que el monte es una de las montañas más importantes que se mencionan en la Biblia, de hecho, el nombre Hermón tiene el significado bíblico de «anatema»; es decir, «consagrado a la destrucción». En la terminología árabe es *al-haram*, que significa «recinto sagrado».

En el Antiguo Testamento es mencionado en los Salmos y el Cantar de los Cantares, y se cree que simboliza un lugar de bendición y majestuosidad. De esta forma, para el cristianismo podría ser el sitio de la Transfiguración de Jesús, cuando se mostró en su gloria a Pedro, Santiago y Juan (Mateo 17:1-9). Aunque el monte Tabor es la opción más tradicional, el Hermón es una posibilidad debido a su proximidad a Cesarea de Filipo, donde ocurrió el acontecimiento anterior.

También en los textos apócrifos, en concreto en el libro de Enoc, se menciona que en este monte descendieron los «ángeles caídos», que se unieron con mujeres humanas, lo que lo asocia con mitos antiguos sobre seres divinos y prohibidos. Este pasaje hace referencia a los «vigilantes» o ángeles caídos, y da origen a los Nephilim, una raza de gigantes mencionada en Génesis 6:1-4. Según los primeros folletos enochistas, los descendidos serían cerca de doscientos. Para la religión cananea y otras creencias antiguas era un sitio de culto de los pueblos preisraelitas, y en la cima hay restos de antiguos templos.

Podemos encontrar la sacralidad del monte en numerosos pasajes de la Biblia. Por ejemplo, en el Salmo 133:3 se menciona que «como el rocío del Hermón que desciende sobre los montes de Sion, así es la bendición de Dios». Esta referencia sugiere que el Hermón era visto como una fuente de fertilidad, vida y abundancia, ya que su nieve derretida alimenta los ríos de la región y lleva vida a la tierra. También en Deuteronomio 3:8-9 se describe como parte del territorio conquistado por Moisés, lo que indica que era un punto clave en la historia del pueblo de Israel, y en Josué 12:1 se hace referencia al monte entre las tierras que fueron dadas a las tribus israelitas.

En la cima del monte nos encontramos con el templo más alto del mundo antiguo, conocido como Qasr Antar. El templo fue documentado en 1869 por sir Charles Warren.

El monte Hermón es mucho más que una simple montaña, es un símbolo sagrado en múltiples tradiciones. Desde su papel en la Biblia y el cristianismo hasta su misteriosa conexión con los ángeles caídos en el libro de Enoc y su historia como centro de culto en la antigüedad. Su importancia espiritual sigue vigente y es una de las montañas más sagradas del mundo.

Monte Megido, lugar del Armagedón

Conocida en hebreo como מגידו (Meguido), Megido es una colina situada en Israel, aproximadamente a 80 kilómetros al norte de Jerusalén y a 31 kilómetros al sureste de Haifa. Este sitio arqueológico, también denominado Tel Megido, ha sido testigo de significativos acontecimientos históricos y posee una profunda relevancia teológica. Asimismo, se encuentra en un punto clave de la antigua ruta comercial conocida como vía Maris, que conectaba Egipto con Mesopotamia. Su ubicación privilegiada convirtió a la ciudad en un punto de disputa entre grandes imperios como el de los egipcios, asirios y babilonios.

Durante la Edad del Bronce, Megido fue una destacada ciudad-estado cananea, y en la Edad del Hierro se convirtió en una ciudad real del reino de Israel. Su ubicación estratégica, dominando el valle de Jezreel, le permitía controlar rutas comerciales cruciales, convirtiéndolo en un punto focal para diversas civilizaciones. Las excavaciones han revelado 26 capas de asentamientos, que evidencian una ocupación continua y una rica historia de más de 4.500 años.

También ha sido escenario de numerosas batallas a lo largo de la historia. La más antigua registrada es la batalla de Megido, en el siglo XV a. C., en la que el faraón egipcio Tutmosis III derrotó a una coalición de reyes cananeos. Este enfrentamiento es notable por ser la primera batalla documentada con detalle de la historia. No ha sido la única que ha tenido como protagonista la montaña, podemos mencionar numerosas batallas en época bíblica. En el Antiguo Testamento se la identifica como un lugar de conflictos importantes para los israelitas. También la batalla entre Egipto y Judá (609 a. C.) en la que el faraón Neco II derrotó y mató al rey Josías de Judá (2 Reyes 23:29). Más recientemente, durante la Primera Guerra Mundial (1918), en la que las fuerzas británicas, dirigidas por el general Edmund Allenby, derrotaron al Imperio otomano en la batalla de Megido.

Megido es un lugar místico, entramado de batallas celebres y descubrimientos fabulosos, como el conocido mosaico de Megido, descubierto en 2005 cerca de las ruinas de la ciudad. Este mosaico, datado en el siglo III d. C., es uno de los lugares de culto cristiano más antiguos jamás encontrados, y proporciona valiosa información de las primeras comunidades cristianas. Además, en 2024 se descubrieron en las proximidades de Tel Megido los restos de una base legionaria romana de la VI Legión Ferrata. Este hallazgo es significativo porque es la única base militar romana de tales dimensiones localizada y expuesta en Israel, y ofrece una visión profunda de la presencia romana en la región.

Sin embargo, la montaña Megido es más conocida debido a que es identificada como Armageddón, derivado del término hebreo *Har Megiddo*, que significa «monte de Megido». Según el libro del Apocalipsis (16:16), Armagedón es el lugar profetizado para la batalla final entre las fuerzas del bien y del mal al final de los tiempos, el lugar en que se reunirá el ejército del Anticristo para la batalla final contra las fuerzas de Dios.

> Y los reunió en el lugar que en hebreo se llama Armagedón (Apocalipsis 16:16).

Según la profecía de Juan en Apocalipsis, el Armagedón ocurrirá en los últimos días como parte del juicio de Dios sobre el mundo. Se desarrollará en varias etapas:

1. Reunión de los ejércitos: las naciones del mundo se congregarán en Megido bajo el liderazgo del Anticristo y Satanás.
2. Derramamiento de las copas de la ira: antes de la batalla, Dios enviará plagas y juicios a la Tierra.
3. Batalla final: Jesús, acompañado de sus ángeles y creyentes, derrotará a las fuerzas del mal.
4. Victoria de Cristo y el Reino Milenario: tras la derrota del Anticristo, Cristo establecerá su reino de paz por mil años.

Megido es un sitio con una historia rica y compleja, y está vinculado con múltiples civilizaciones y conflictos. En la tradición judeocristiana, su relación con el Armagedón le otorga un significado profético, ya sea como un símbolo de batallas pasadas o como el escenario de un futuro apocalíptico. Megido sigue siendo un lugar de gran interés histórico y religioso.

Monte Fuji

Nos encontramos ante una de las montañas más icónicas del planeta. Con una altura de 3.776 metros, es el pico más alto de Japón. Enclavado en la isla de Houshu, es un volcán cuyo significado va más allá de lo meramente geográfico. En el monte Fuji confluyen multitud de leyendas, mitos y creencias que lo convierten en un lugar sagrado y de culto no solo para la población japonesa, sino para todos los que lo visitan. Como he indicado antes, es un volcán activo cuya última erupción se produjo en el año 1707 y cubrió de cenizas a Tokio y sus alrededores como un manto fantasmal que recuerda a los *yurei*, nombre genérico con que se conocen todos los fantasmas japoneses, lógicamente en dicho concepto se engloban diferentes tipologías según el daño, la venganza o la actitud que puedan tener. Por eso, en general, cuando nos referimos a los *yurei* hay que considerarlos como seres que regresan al mundo de los vivos porque tienen una tarea que terminar, pero esto es otra historia.

Lo más curioso y enigmático del monte Fuji son la cantidad de túneles y cuevas de lava de los alrededores. ¿Cómo pueden coexistir en un volcán cuevas de lava y hielo? Eso ocurre en el monte Fuji, encontramos la cueva del hielo de Narusawa y la cueva del viento de Fugaku, un misterio que desconcierta a numerosos científicos por la capacidad de mantener temperaturas bajas todo el año a pesar del calentamiento que se produce en el interior del monte sagrado. Aunque, sin duda, lo más inquietante del monte Fuji es el bosque de Aokigahara, Jukai, «mar de árboles» o, como comúnmente se lo conoce, «bosque de los suicidios». Situado en la base del monte, casi antes de iniciar la ascensión, destaca por su densa vegetación y por la extraña atracción que provoca en muchos visitantes. Ha sido escenario de numerosos relatos de apariciones. Incluso gente cercana a mí me ha narrado que allí se respira un ambiente denso, de desasosiego permanente que invita a marcharse del lugar. Según las creencias locales, el bosque está embrujado por los *yurei*. Las estadísticas sobre este bosque son alarmantes, de hecho, solo en 2010 se encontraron 54 cuerpos.

Según me contó Rubén Martín, conocido en redes sociales como Monje Satori, pescadores del lago Yamanaka han reportado ver en noches despejadas una misteriosa luminiscencia azul que emana de la cima del monte Fuji. Este fenómeno, conocido como Aokigahara no Hikari, o luz de Aokigahara, sigue siendo un enigma. También me contó que existe una leyenda de un monje que ascendió a la cima y alcanzó la iluminación, lo que le otorgó la inmortalidad. Se cree que aún aparece en la cima y medita y observa a los visitantes. Así que, si en los horarios menos turísticos te sientas en las proximidades de los grandes espacios naturales de Japón, lejos de los caminos y rutas principales, y meditas y conectas con la energía del entorno, es posible que percibas «subjetivamente» una sensación de ser observado y analizado, pero esto no te provoca malestar sino que la energía te envuelve y permanece en el entorno.

Rubén también me contó que en la cultura popular relacionada con el sintoísmo y la fe más animista se dice que presenciar el amanecer desde la cima del monte Fuji, un fenómeno conocido como *goraiko*, otorga bendiciones y buena fortuna. De hecho, en determinadas fechas del calendario japonés se organizan numerosas peregrinaciones a lugares energéticos clave.

Como puede observar, querido lector, muchas leyendas rodean al monte Fuji. Una de las más conocidas es la del Taketori Monogatari o «el cuento del cortador de bambú». Relata la historia de la princesa Kaguya, una mujer celestial que desde la cima del monte dejó la Tierra para regresar a la Luna. Se dice que su partida inspiró la creencia de que el monte Fuji es un punto de conexión entre el mundo terrenal y el espiritual.

Otra leyenda es la de la diosa Konohana Sakuya-hime, considerada el espíritu guardián del monte. Se cree que su belleza está reflejada en la majestuosidad del Fuji y que su espíritu protege a quienes escalan la montaña. Según el mito, la diosa descendió del cielo y vivió en la montaña, donde dio a luz a sus hijos en una cabaña en llamas como prueba de su pureza. También existe la historia de los *tengu*, seres mitológicos con apariencia de demonios y aves, que supuestamente habitan en las montañas y vigilan a los viajeros. Se dice que quienes faltan al respeto a la montaña, pueden enfrentar la ira de estos guardianes espirituales.

El monte Fuji es mucho más que una formación geológica, es un símbolo de identidad nacional y un ícono de la cultura japonesa. Desde el arte hasta la literatura y la religión, su imagen ha sido inmortalizada en incontables expresiones culturales. Las famosas estampas de Hokusai, como *La gran ola de Kanagawa*, reflejan la reverencia del pueblo japonés por esta montaña sagrada. También en el ámbito religioso el monte Fuji ha sido venerado durante siglos por budistas y sintoístas. Para los seguidores del sintoísmo, es morada de *kami* (deidades) y lugar de peregrinación. Desde tiempos inmemoriales, los monjes ascetas han escalado la cumbre en busca de iluminación espiritual, una tradición que aún perdura.

Cada año, miles de personas de todo el mundo se aventuran a subir las laderas, una experiencia que no solo es un reto físico, sino también una oportunidad para conectarse con la espiritualidad y la historia japonesa.

El monte Sri Pada, Pico de Adán

Conocido localmente como Sri Pada, el monte Pico de Adán es una de las montañas más emblemáticas y sagradas de Sri Lanka. Con una altura de 2.243 metros, esta majestuosa cumbre es un punto de peregrinación para personas de diversas religiones y creencias. Su peculiaridad radica en una formación rocosa en la cima, que parece una huella de pie gigante, lo que a lo largo de la historia ha dado origen a numerosos mitos y leyendas. Esta huella es interpretada de diferentes maneras según las tradiciones religiosas. Para los budistas representa la huella de Buda, dejada durante su tercera visita a Sri Lanka. Los hindúes creen que pertenece al dios Shiva y la llaman Sri Pada o Pisada Sagrada. Por su parte, musulmanes y cristianos sostienen que la marca corresponde al primer hombre, Adán, quien, según la tradición islámica y cristiana, aterrizó allí tras ser expulsado del paraíso.

Cerca de la huella hay un sepulcro dedicado a Saman, una deidad budista encargada de proteger la cumbre de la montaña. La leyenda budista dice que la huella del otro pie está en una ciudad que dista unos 159 kilómetros, o posiblemente en Phra Sat (Tailandia). En la cima de la montaña hay un santuario en honor a Buda, en el que los fieles dejan sus ofrendas, y tocan una campana según la cantidad de veces que han subido al santuario. La estructura central del templo protege la icónica huella de pie, que mide aproximadamente 1,8 metros de largo. Aunque se desconoce su origen exacto, los fieles la consideran un vestigio divino. El budismo, el hinduismo, el cristianismo y el islam tienen interpretaciones distintas acerca de la identidad de la persona que dejó la marca, lo que hace que el lugar sea un símbolo de unidad religiosa. Además, se quema coco para producir el aceite que alimenta las velas siempre ardientes del lugar.

Más allá de las creencias religiosas, el Pico de Adán está envuelto en un aura de misterio. Uno de los relatos más fascinantes es la historia de los antiguos habitantes de Sri Lanka, los veddas, que aseguraban que la montaña era un lugar sagrado custodiado por seres sobrenaturales. Se dice que quienes se aventuran en sus densos bosques pueden escuchar voces extrañas y ver luces inexplicables en la oscuridad.

Otro enigma que rodea a la montaña es su importancia en la cartografía medieval. Algunos exploradores y cartógrafos europeos mencionaron la existencia en Sri Lanka de un monte sagrado que irradiaba una energía especial. Marco Polo, el célebre viajero veneciano, describió la montaña en sus relatos y resaltó su significado espiritual para los pueblos de la isla.

Cada año, en especial entre diciembre y mayo, miles de peregrinos suben los más de 5.000 escalones hasta la cima para visitar el templo, casi siete kilómetros de subida durante la cual hay personas que de forma desinteresada se ofrecen a masajear los pies descalzos de los fatigados peregrinos. Al llegar, los fieles tocan la roca de la huella, hacen ofrendas con flores e incienso y recitan oraciones en señal de respeto. Uno de los momentos más esperados es el amanecer, cuando el sol proyecta en las nubes una sombra triangular perfecta de la montaña. Se cree que presenciar este fenómeno trae bendiciones y buena fortuna. El Sri Pada es un sitio de peregrinación que ha sido considerado sagrado por los creyentes de las cuatro principales religiones: budistas, hindúes, cristianos e islamistas.

Monte Taishan

Situado en la provincia de Shandong (China), el monte Taishan es una de las montañas más veneradas de la cultura china y una de las cinco grandes montañas sagradas del taoísmo. Con una altura de 1.545 metros, Taishan ha sido un centro de peregrinación durante más de 3.000 años, y atrajo a emperadores, eruditos y devotos en busca de iluminación y conexión con lo divino. Considerada un puente entre el cielo y la tierra, en la montaña los dioses y los humanos pueden interactuar. Su legado religioso, filosófico y cultural la convierte en una de las montañas más sagradas del mundo. Al ser la cumbre oriental, es la primera en recibir la luz solar, que es fuente de vida. Por su espiritualidad y divinidad, durante miles de años los escritores chinos se han referido al monte Taishan como la montaña suprema por encima de cualquier otra situada en China.

Desde tiempos inmemoriales, el monte Taishan ha sido un lugar de culto en el que se realizaban sacrificios y rituales para invocar la bendición de los dioses y la armonía universal. Su importancia se consolidó durante la dinastía Zhou (1046-256 a. C.), cuando los emperadores comenzaron a realizar ceremonias en su cima para demostrar su mandato celestial. Según cuenta la tradición, cuando el emperador legendario Shun visitó las cinco montañas sagradas de China afirmó que Taishan sobresalía por encima de todas ellas. Desde el primer milenio a. C., todos los emperadores chinos han ascendido a la montaña sagrada; de hecho, el último en hacerlo fue en el siglo XII para realizar un ritual de sacrificio en agradecimiento al cielo y a la tierra. Por todo eso podemos considerar que, superando a cualquier otra del mundo, Taishan es la montaña que mayor número de ascensiones ha tenido.

El confucianismo, el taoísmo y el budismo han dejado su huella en Taishan, lo que lo convierte en un sitio en el que convergen distintas corrientes espirituales. Según la tradición, subir a la montaña simboliza el ascenso al cielo y la búsqueda de la inmortalidad. Se cree que quienes alcanzan su cumbre con devoción y sinceridad pueden recibir bendiciones y protección divina.

Los emperadores chinos realizaban ceremonias de sacrificio en Taishan para asegurar la estabilidad de su gobierno y la armonía del cosmos. Estos rituales eran conocidos como las ceremonias del Fengshan, consideradas las más importantes de la liturgia imperial. Durante estos actos, el emperador ascendía la montaña para ofrecer tributo al cielo y la tierra, reafirmar su legitimidad como «hijo del cielo» y asegurar la prosperidad del imperio.

En la mitología china, Taishan es el dominio del dios Dongyue Dadi, también conocido como el «gran emperador del pico oriental». Se lo considera el gobernante del inframundo y el juez supremo de las almas, encargado de determinar el destino de los espíritus después de la muerte. Se cree que tiene la autoridad para registrar las vidas y muertes de los humanos en los libros sagrados del más allá. Los devotos lo veneran como una deidad poderosa que otorga longevidad, protege de enfermedades y guía la vida después de la muerte.

Otro ser espiritual asociado con el monte Taishan es Bixia Yuanjun, la «princesa de la nube azul», también conocida como la «madre celestial de Taishan». Es una diosa popular en el taoísmo y el budismo chino, se la considera la protectora de los nacimientos, la fertilidad y el bienestar de las mujeres y los niños. Su culto ha sido en particular fuerte entre las mujeres, que suben la montaña en busca de bendiciones para la maternidad y la familia. Se dice que concede deseos y guía a los peregrinos que buscan iluminación y sanación.

Además de Dongyue Dadi y Bixia Yuanjun, Taishan alberga una gran cantidad de deidades menores y espíritus guardianes, incluidos los llamados «diez reyes del inframundo», encargados de juzgar a las almas después de la muerte y determinar su destino en el más allá. También se cree que la montaña está habitada por taoístas inmortales que han alcanzado la iluminación a través de la meditación y la práctica de las artes esotéricas.

A lo largo del ascenso al monte Taishan, los peregrinos pueden encontrar numerosos templos, santuarios y tallas en piedra que reflejan su importancia religiosa. Entre los sitios más emblemáticos se encuentran:

◊ Templo de Dai (Dai Miao): es el complejo religioso más grande de Taishan y un importante centro de culto a Dongyue Dadi. Su arquitectura refleja la grandeza de las ceremonias imperiales realizadas en la montaña.
◊ Templo de Bixia (Bixia Ci): dedicado a Bixia Yuanjun, es un lugar sagrado en el que miles de devotos presentan ofrendas y oraciones en busca de protección y bendiciones.
◊ Puerta del Cielo del Sur (Nantianmen): una estructura simbólica que marca la entrada a la parte más sagrada de la montaña, y en la que los visitantes experimentan la sensación de ascender a un reino celestial.
◊ Puente de los Inmortales: un antiguo pasaje rocoso, se dice que allí los sabios taoístas alcanzaban la iluminación.
◊ Sendero de los 6.660 escalones: un camino sagrado que representa el viaje espiritual y físico a la iluminación. Se dice que subir estos escalones con devoción ayuda a limpiar el karma y fortalecer el espíritu.

También se pueden contemplar auténticas reliquias y maravillas como las inscripciones rupestres del Sutra del Diamante, la mayor pieza de textos sagrados budistas de China, esculpidas en el transcurso del período de los Qi del Norte (del 550 al 557), o, por ejemplo, las ochocientas tablillas de piedra y alrededor de mil inscripciones rupestres.

En Taishan, el culto a la mujer se desarrolló en el siglo XIII, centrado en el templo de la Princesa de las Nubes Celestes, y aún hoy muchas ancianas visitan el templo y ascienden la montaña con el fin de orar y suplicar por sus nietos. No deja de ser una simbología relacionada con la descendencia y la procreación, aspectos que para la cultura china tienen una importancia capital. El monte Taishan ha influido profundamente en la literatura, la poesía y la pintura china. Grandes pensadores como Confucio visitaron la montaña y reflexionaron sobre su majestuosidad y su significado espiritual. Se dice que, resaltando su visión de la montaña como un lugar de claridad y perspectiva, Confucio exclamó: «Cuando subes a Taishan, el mundo parece pequeño».

El taoísmo lo ve como un centro de energía cósmica en el que los elementos de la naturaleza interactúan en perfecta armonía. La idea de ascender a la cima simboliza la búsqueda de la iluminación y el equilibrio con el Dao, el principio fundamental del universo.

Desde la dinastía Han, Taishan ha sido mencionado en numerosos poemas y textos filosóficos, y se convirtió en un símbolo de resistencia, iluminación y conexión con lo divino. Además, su importancia ha trascendido la cultura china, y atrae devotos y estudiosos de todo el mundo.

Considero que es conveniente reproducir el poema que escribió la esposa de un general en el año 400 d. C. En sus versos se ponen de manifiesto los sentimientos que muchos chinos tienen hoy por el monte Taishan:

Alta se eleva la cumbre oriental
volando hacia el cielo azul.
Entre las rocas, hondonada vacía
¡secreta, callada, misteriosa!
Sin tallar y sin extraer,
protegida por la naturaleza con
un techo de nubes.

El tiempo y las estaciones,
¿qué sois que traéis cambios
incesantes a mi vida?
Me alojaré para siempre en esta
hondonada
donde las primaveras y los
otoños pasan inadvertidos.

Monte Emei y el gran Buda de Leshan

Situado en el centro de la provincia de Sichuan, a 140 kilómetros de Changdu, capital de la provincia, el monte Emei fue declarado patrimonio mundial en 1996. El monte es un centro religioso fundamental desde la época de la dinastía de los Han del Este (del 25 al 220). Con una altitud de 3.099 metros, es la más alta de las cuatro montañas sagradas del budismo chino, se cree que fue el primer lugar en China en que se estableció el budismo, y está estrechamente vinculado con Samantabhadra (Puxian en chino), un *bodhisattva* asociado con la compasión y la práctica del dharma. Muchas estatuas y templos en el monte están dedicados a él.

Sin embargo, y a pesar de la importancia religiosa del monte, lo que realmente lo hace especial para el budismo es el Gran Buda de Leshan, ubicado en la confluencia de los ríos Min, Dadu y Qingyi en la provincia de Sichuan, convirtiéndose en la estatua de Buda más grande del mundo esculpida en piedra. Tallado en la ladera de la montaña Lingyun, este coloso es un símbolo de la fe budista, la ingeniería antigua y la conexión entre la humanidad y la espiritualidad. Iniciada en el siglo VIII durante la dinastía Tang, su construcción es testimonio del profundo arraigo del budismo en China y del esfuerzo humano por manifestar su devoción en formas monumentales.

Su origen se remonta a la iniciativa de un monje budista llamado Haitong, que alrededor del año 713 propuso su construcción con la esperanza de que la imponente imagen de Buda calmara las turbulentas aguas de la confluencia de los ríos, responsables de numerosos accidentes de navegación. Se creía que la presencia de Buda traería protección y armonía a los viajeros y comerciantes que dependían de las rutas fluviales para su sustento.

Haitong comenzó a recaudar fondos para el proyecto, y se dice que cuando algunos funcionarios corruptos intentaron apoderarse del dinero, el monje se arrancó los ojos como muestra de sinceridad y devoción. Aunque Haitong no vivió para ver finalizada la estatua, sus discípulos continuaron el proyecto, que posteriormente fue respaldado por funcionarios de la dinastía Tang.

La construcción continuó durante más de noventa años y fue completada alrededor del año 803.

Curiosamente, el objetivo de calmar las aguas se logró no solo por la bendición simbólica del Buda, sino también porque la excavación de la montaña provocó la acumulación de escombros en el lecho del río, lo que redujo la peligrosidad de las corrientes. Nos encontramos ante una maravilla arquitectónica que demuestra el avanzado conocimiento de ingeniería y escultura de la época. La estatua representa a Maitreya, el Buda del futuro, con una expresión serena que transmite paz y compasión.

La estatua mide 71 metros de altura, la cabeza 14,7 metros de alto y 10 de ancho, y cada uña de los pies tiene el tamaño de una persona. Cuenta con un ingenioso sistema de canales y túneles internos que ayudan a drenar el agua de lluvia para proteger la estatua de la erosión y el desgaste natural. Está tallado en el acantilado de la montaña Lingyun y parece vigilar las aguas y bendecir la región con su presencia. Lo más curioso es su postura y expresión, sentado con las manos apoyadas en las rodillas, una postura que simboliza estabilidad y serenidad ante las adversidades del mundo.

El gran Buda de Leshan es más que una estatua imponente, es un símbolo de la devoción budista y un sitio sagrado de peregrinación. Durante más de mil años, monjes, peregrinos y turistas han visitado este lugar para rendir homenaje a Buda y contemplar su majestuosidad.

A lo largo de los siglos, el gran Buda de Leshan ha enfrentado problemas de erosión, contaminación y deterioro debido a la exposición a los elementos. Las lluvias, la humedad y la contaminación ambiental han acelerado el desgaste de la escultura. Por ello, se han llevado a cabo múltiples esfuerzos de restauración y conservación para garantizar que esta obra maestra perdure para futuras generaciones.

Yabal al-Nur, la montaña de la Luz, el nacimiento del islam

Entre las montañas áridas que rodean la sagrada ciudad de La Meca, se alza Jabal al-Nour, la Montaña de la Luz, un perfil rocoso que guarda silencio sobre algunos de los misterios espirituales más profundos de la humanidad. No es la montaña más alta ni la más imponente a simple vista, pero su fuerza reside en lo invisible, en las historias que alberga, en las huellas del peregrino que asciende buscando sentido, y en la luz que, según la tradición islámica, cambió para siempre el curso de la historia espiritual del mundo.

En su cima se encuentra la pequeña caverna de Hira, un refugio estrecho, casi oculto entre las rocas, donde el Profeta Muhammad —antes de ser Profeta— solía retirarse en meditación y soledad. Era un hombre joven, inquieto por las injusticias de su sociedad, por el sufrimiento humano y la pérdida de valores espirituales. Jabal al-Nour se convirtió para él en un santuario de contemplación, silencio y búsqueda interior.

Es aquí, según la tradición, donde el arcángel Gabriel se le apareció por primera vez, trayendo consigo la revelación divina. Las primeras palabras del Corán descendieron en este lugar, una llamada a la lectura, al conocimiento, a la conciencia —«¡Lee!»—, que transformó no solo al hombre que escuchó el mensaje, sino a toda la historia humana.

Jabal al-Nour no es simplemente una montaña; es un umbral. Representa el viaje interior del ser humano hacia la verdad, el encuentro entre lo terrenal y lo divino. Quien la sube revive simbólicamente el camino espiritual del Profeta, y donde tres aspectos importantes se mezclan dando sentido a esa subida.

◊ El esfuerzo físico como purificación.
◊ La soledad como espejo del alma.
◊ La llegada al silencio de Hira como puerta a la trascendencia.

Miles de peregrinos suben cada año, no por turismo, sino por anhelo espiritual. Cada paso es un eco del pasado sagrado, cada mirada hacia la ciudad iluminada recuerda que la revelación ocurrió no en templos dorados ni palacios, sino en la desnudez de la naturaleza, donde el corazón está desnudo también.

No hay resplandores visibles emanando de la piedra, ni milagros que rompan la lógica física del mundo. La luz de Jabal al-Nour es otra. La luz del despertar, de la conciencia, del conocimiento espiritual. La montaña simboliza la ascensión del ser humano desde la oscuridad de la ignorancia hacia la claridad de la verdad divina.

Quien se sienta en la entrada de la cueva, con la ciudad extendida a sus pies y el desierto abrazando el horizonte, comprende que la luz nace dentro. Se siente el peso del silencio, el susurro del viento, la antigua presencia de lo sagrado impregnando el aire. Allí, el tiempo parece detenerse; y uno entiende por qué un alma buscadora escogería ese lugar para encontrarse consigo misma y con Dios.

Jabal al-Nour sigue siendo una invitación viva. No es necesario pisar su tierra para escuchar su mensaje. La montaña nos recuerda que el conocimiento auténtico comienza en el silencio interior, que la búsqueda de lo divino requiere paciencia, retiro y sinceridad, y que la luz puede brotar incluso en los lugares más simples y austeros. Quien contempla esta montaña con el corazón abierto descubre que su sacralidad no está solo en los hechos que allí ocurrieron, sino en lo que inspira, el eterno viaje del ser humano hacia la luz.

A continuación, voy a plasmar lo que me contó mi buen amigo Manuel Fernández Muñoz, y que he decidido ponerlo por escrito porque relata a la perfección lo que la montaña de la luz transmite, y que mejor que contarlo desde una vivencia personal. Esto fue lo que me narró:

> Es verdad que hacía un sol de justicia, que el calor era sofocante y que el ayuno del mes de ramadán tampoco ayudaría a subir la colina, pero lo cierto es que cuando el corazón se impone, la mente tiene que callar y obedecer. Y precisamente eso fue lo que sucedió. Cada uno de aquellos inconvenientes no fueron para mí sino alicientes que hacían más atractiva la llamada de Hira. ¿Qué podía temer de este mundo y de su climatología si el destino final de aquella aventura era encontrarme conmigo mismo y con mi creador?
>
> Subir a lo alto de la montaña significaba mucho más que tocar su cumbre; era como regresar de nuevo al estado de pureza original con el que nacimos, pero que por alguna razón dejamos olvidado en el camino de la madurez. Durante el ascenso debería superar todos los pensamientos intrusivos si quería encontrar un lugar en el paraíso de la contemplación. Debería enfrentar las dificultades del cuerpo y anhelar únicamente degustar los placeres del espíritu. Incluso si me hubieran dicho que tendría que luchar contra cientos de gigantes, habría puesto mi brújula dirección a la montaña de la Luz.
>
> Siempre que llego a algún lugar sagrado, pongo el máximo cuidado en refinar los sentidos para captar el mensaje de las piedras, de los ríos, de los árboles y de la tierra. Creo firmemente que los enclaves que nos rodean pueden guardar el recuerdo de otras épocas, de otras gentes, de los sucesos que hace años marcaron a fuego su esencia.

Pienso que si escuchamos atentamente, podemos percibir sus historias y compartir sus arcanos secretos.

Cuando recorres Jerusalén, por ejemplo, te das cuenta de que cada rincón de la ciudad y cada olivo que sigue en pie en el huerto de Getsemaní fueron testigos silenciosos del paso de Jesús por este mundo. De hecho, toda Jerusalén es Jesús. Y sin Jesús, Jerusalén no sería nada. Asimismo, cuando contemplas la Kaaba, el poder de atracción de su figura te transporta a otros cielos poblados por otros profetas, que no dudarán en susurrarte al oído secretos que van más allá de la razón, y que si no tienes cuidado, podrán conducirte a la locura. Así descubrí que el mundo entero es como un enorme asilo de locos, en el que unos pierden la razón por obtener fama, otros por ganar dinero y otros por poseer todo tipo de lujos. En este gran manicomio, yo también estoy loco, pero loco de amor por Dios. Todos estamos locos, y yo también lo estoy. Mas creo, después de todo, que mi locura es mucho mejor.

Cuando bajé del taxi, embrujado por una poderosa fuerza, olvidé todo a mi alrededor y me descubrí a mí mismo superando a buen ritmo la primera parte del ascenso a la colina mientras entonaba el nombre de Allah en todas y cada una de mis zancadas. La segunda parte del sendero empezó cuando la tierra desapareció para dejar su lugar a la fría y dura piedra. Al igual que en el monte Sinaí, a un lado y otro del sendero algunos tenderetes de refrescos y recuerdos se alzaban para satisfacer las necesidades del turista que se hacía pasar por peregrino. Minutos después, la tercera parte comenzó cuando acabó el camino de piedra e hicieron su aparición los enormes bloques de granito.

Tras poco más de hora y media de escalada, llegué a una pequeña terraza natural en la que algunos devotos habían extendido numerosas alfombras, formando así una especie de balcón que hacía las veces de mezquita al aire libre. Entre las fisuras de las piedras había colocados multitud de ejemplares del Sagrado Corán en diferentes idiomas, de los que podías disfrutar mientras admirabas una panorámica incomparable de La Meca a vista de pájaro.

Fueron extraños los sentimientos que me abordaron mientras estuve allí arriba. Sentimientos que debo guardar para mí, pues no sé bien cómo plasmarlos justamente en este papel sin desmerecer la experiencia. Solo puedo decir que, mirando al horizonte, sentí que lo verdaderamente importante para el ser humano no es repetir las palabras que recoge el Corán de Muhammad, sino descubrir y leer —como ya advirtió Gabriel precisamente en este lugar— el Corán que cada uno lleva en su interior. Únicamente encontrando mi propio Corán podría comprender el Corán de Muhammad, la Torah de Moisés y el Evangelio de Jesús.

La diferencia entre el turista y el peregrino es que el peregrino permanece cuando el turista se ha marchado. Para conseguirlo debes dejar que el tiempo pase y que el lugar penetre hasta lo más recóndito de tu alma. Debes exhalar fuertemente e inspirar el aire del aquí y del ahora, saboreándolo, complaciéndote, viviendo el instante siendo consciente de que la presencia del Señor está en todas partes. Cuando salí de mis elucubraciones y miré el reloj, no supe decir cuánto tiempo había pasado. No obstante, me apresuré a salvar la distancia que había entre la mezquita del balcón y la cueva del Profeta antes de que el sol se pusiera por el horizonte y la noche apagara la tímida luz del atardecer.

Hira no era un agujero que se abría en la roca viva, sino más bien el hueco que habían dejado algunas grandes losas de piedra al superponerse las unas sobre las otras. Poco a poco fui superando los últimos tramos del atajo hasta que, no sé bien cómo explicarlo, me vi aferrado a una pared vertical, en la que casi no encontré sitio para colocar las manos y los pies. ¡Era imposible que los otros peregrinos hubieran pasado por aquí! Estaba claro que en algún punto del camino me había perdido. Giré levemente el rostro a la izquierda, miré por encima del hombro y vi el vacío que se abría a mis espaldas. Era inútil pedir socorro. En aquel lugar nadie podría escuchar mis gritos. Estaba completamente solo, y no podía ir hacia delante ni hacia atrás sin soltarme de la pared y caer al precipicio. De repente, como si de una pesadilla se tratase, se vino abajo el pequeño saliente en que mi mano derecha se había apoyado, y supe que mis peores temores se habían hecho realidad. En una milésima de segundo comprendí que para mí todo había acabado. No obstante, antes de que mi cuerpo se despegara de la pared y sucumbiera a la gravedad, sentí dos manos en mi espalda que me empujaron de nuevo al muro, en el que esta vez me agarraré con uñas y dientes. Consciente de lo que había pasado, aunque sabía perfectamente que no podía haber nada ni nadie, volví a mirar detrás de mí. ¿Quién me había salvado? ¿De quién eran las manos que sentí en la espalda?

Reconociendo que no podía ir ni para un lado ni para otro, no me quedó más remedio que seguir trepando hasta llegar a lo alto del peñasco, en cuya parte contraria se encuentra la cueva del Profeta. No puedo explicar cómo, pero me había pasado de largo la entrada y había rodeado Hira para acceder al hipogeo por la parte de atrás. Un despiste que casi me cuesta la vida.

Aún hoy, pasados los años, no puedo explicar qué pasó aquel día del mes de ramadán en la ladera de Yabal al-Nur, excepto que pude haber muerto y que algo o alguien me salvó la vida, que mi estómago se contrajo al sentir que mi cuerpo se alejaba de la piedra y comenzaba a precipitarse al vacío, y que cuando sentí el empujón en mi espalda, supe perfectamente que detrás de mí no podía haber nadie... y, sin embargo, alguien estaba allí velando por mí.

Sin haber digerido en modo alguno lo que me había sucedido, bajé con sumo cuidado y esperé pacientemente mi turno en la cola de peregrinos para rezar en el hipogeo del Profeta. Momentos después, me sentaba en un rincón de la ladera contemplando tranquilamente el lugar, sin prisas, grabando cada detalle en mi retina para guardarlo para siempre en mi corazón.

¿Cómo se quedan después de leer esta vivencia? Al menos a mí, no me deja indiferente. Creo que a mi buen amigo Manuel la montaña le transformó porque quizá, amigos lectores, la montaña no habla, pero transforma, quizá la luz no se vea, pero ilumina. Y, aunque el camino hacia lo sagrado a veces parezca arduo y solitario, Jabal al-Nour nos recuerda que la luz siempre espera en lo alto, paciente, quieta, eterna... Y es posible que esas manos que sintió Manuel, no fueran más que la propia montaña y su luz arropándole porque quién busca la iluminación con tesón, valentía y coraje, tarde o temprano, la acaba encontrando.

2
AMÉRICA

La Peña de Juaica, misterio y espiritualidad en los Andes colombianos

Ubicada en el municipio de Tabio, en el departamento de Cundinamarca (Colombia), la Peña de Juaica es mucho más que una formación rocosa. Este lugar, elevado aproximadamente a 3.100 metros sobre el nivel del mar, es un punto de encuentro entre la naturaleza, la historia, y el misterio. A lo largo de los siglos ha captado la imaginación de las comunidades indígenas, aventureros, científicos y exploradores de lo paranormal.

La Peña de Juaica se encuentra en el corazón del altiplano cundiboyacense, una región andina conocida por su clima fresco y sus majestuosos paisajes. Desde su cima es posible disfrutar de vistas panorámicas de los municipios vecinos, como Tabio, Tenjo y Subachoque.

El entorno de la peña está compuesto por un ecosistema de páramo, característico de las alturas andinas. Allí se encuentran especies de flora como frailejones, musgos, líquenes y arbustos resistentes al frío. También habitan animales como aves rapaces, conejos silvestres y otros pequeños mamíferos que se han adaptado a estas condiciones extremas. Este ambiente natural convierte a la Peña de Juaica en un lugar atractivo para los amantes del ecoturismo y la observación de la naturaleza.

Para los indígenas muiscas, habitantes originales de la región, la Peña de Juaica era un lugar sagrado. Según la cosmovisión muisca, las montañas eran portadoras de una energía especial, y muchas de ellas eran consideradas moradas de dioses o espíritus. La Peña de Juaica no era una excepción; se le atribuía un carácter místico y protector.

◊ Puerta de los Dioses: los relatos indican que los muiscas consideraban a la Peña de Juaica una especie de portal entre el mundo terrenal y el espiritual. Aquí se realizaban ceremonias para pedir favores a los dioses, agradecer por las cosechas o protegerse de los enemigos.
◊ Guardianes espirituales: según la tradición oral, los espíritus de los ancestros muiscas todavía residen en la montaña, custodiándola de quienes se acercan con intenciones negativas.

Si bien la Peña de Juaica ya era considerada especial por los muiscas, en épocas más recientes ha ganado notoriedad internacional por los fenómenos paranormales reportados en la zona. Desde mediados del siglo XX, la Peña de Juaica ha sido escenario de numerosos avistamientos de luces inexplicables en el cielo. Estas luces, que a menudo son descritas como esferas luminosas o discos que se mueven de manera errática, han llevado a muchos a catalogar este lugar como un «punto caliente» para la actividad extraterrestre. Investigadores, curiosos y aficionados al fenómeno ovni visitan la peña con la esperanza de presenciar algo extraordinario.

Muchos visitantes afirman sentir una energía especial al estar en la Peña de Juaica. Algunos describen una sensación de paz y conexión espiritual, mientras que otros experimentan escalofríos, como si fueran observados. Estas sensaciones han hecho del lugar un punto de interés para practicantes de la meditación, chamanes y personas en búsqueda de experiencias trascendentales.

La mitología local incluye relatos de exploradores que aseguran haber escuchado voces extrañas, visto figuras humanoides luminosas, o incluso haber experimentado alteraciones del tiempo mientras escalaban la montaña.

Hoy en día, la Peña de Juaica es un destino habitual para quienes buscan una experiencia única que combine aventura, historia y misterio, como, por ejemplo, realizar senderismo, ya que existen rutas que conducen a la cima de la peña, las cuales varían en dificultad. Durante el ascenso, los visitantes pueden disfrutar de la belleza del paisaje andino, con sus campos verdes y cielos amplios. El trayecto, aunque exigente, recompensa con vistas espectaculares y un contacto directo con la naturaleza. Como ya he comentado, la peña es un lugar de avistamiento de ovnis, lo que hace que muchos aventureros porten equipos de grabación, cámaras y detectores de energía en busca de evidencias.

La Peña de Juaica es un lugar que trasciende su imponente apariencia física. Tanto para quienes buscan un desafío físico, un refugio espiritual o una ventana a lo desconocido, la Peña de Juaica ofrece una experiencia única. Este destino andino, rodeado de leyendas y enigmas, sigue siendo un testimonio vivo de la conexión entre la humanidad, la naturaleza y lo trascendental.

El cerro Uritorco, ovnis, ciudades perdidas y reliquias

Ubicado en la localidad de Capilla del Monte, en la provincia de Córdoba (Argentina), es una montaña de 1.949 metros de altura y ha ganado fama por la cantidad de acontecimientos que allí ocurren y se narran. El nombre Uritorco proviene de la lengua de los pueblos originarios que habitaron la región, conocidos como comechingones, y generalmente se interpreta como «cerro macho». La etimología del término (veíamos en la introducción de este libro que era uno de los motivos por los que se sacraliza a las montañas) señala dos posibles componentes lingüísticos, por un lado, *uri*, que significa «varón» o «macho», relacionado con la idea de fortaleza o energía masculina, siempre enfocado desde un punto de vista simbólico; y, por otro lado, *torco*, que deriva de «cerro» o «altura». De esta forma, podríamos traducir Uritorco como la «montaña del hombre o cerro macho».

Mucho se ha hablado del Uritorco, pero en un primer momento nos centraremos en quiénes fueron sus habitantes, los comechingones. Estos vivían, principalmente, en la región de las sierras de Córdoba y San Luis, la riqueza natural de sus tierras hizo que estos pobladores eligieran el lugar como zona para su asentamiento. Los comechingones se organizaban en comunidades llamadas *ayllus*, pequeños grupúsculos familiares que trabajaban en equipo, de modo que la estructura social era igualitaria, y no se adoptaba ninguna decisión que pudiera afectar a la convivencia grupal sin el consenso unánime de todos. Las viviendas eran construidas de forma semisubterránea, similar a las viviendas vikingas, para protegerse del clima extremo de las sierras, ya fuera frío o calor, y normalmente eran de paja o materiales vegetales. Conocidos por ser expertos agricultores, los comechingones cultivaban sobre todo maíz, zapallo y porotos. Según registros de los conquistadores españoles, los comechingones tenían una apariencia física notable: eran altos, de piel morena y en muchos casos llevaban barba, algo poco común en los pueblos indígenas de la región. En la actualidad, se ha perdido su lengua, pero se cree que formaba parte de un conjunto lingüístico diferente del de pueblos cercanos, lo que hace suponer que tenían una lengua propia.

Para ellos, el cerro era el lugar en el que veneraban al Sol y la Luna, lugar de rituales y conexión espiritual con sus ancestros, creencia que hoy aún se mantiene viva en numerosas leyendas y tradiciones. Con la llegada de los conquistadores españoles en el siglo XVI, los comechingones fueron sometidos y, en muchos casos, exterminados. Y los comechingones nos llevan a uno de los misterios del cerro, ¿fueron ellos quienes recibieron el bastón de mando? ¿Fue un artefacto entregado por seres de otro mundo? ¿Dónde se encuentra el bastón? Según se cuenta, el bastón era un artefacto que reunía fuerzas cósmicas, terrestres y divinas. Entidades superiores lo entregaron al pueblo de los comechingones, guardianes espirituales de la Tierra, para proteger el equilibrio natural y espiritual del planeta. Las leyendas cuentan que el bastón está enterrado en algún lugar del cerro a la espera de ser encontrado por el «guardián elegido», alguien con alto nivel espiritual. En cualquier caso, numerosas expediciones han acudido al cerro con el fin de localizarlo, pero hasta la fecha ha sido inútil. Incluso hay quienes han relacionado el bastón con la mítica ciudad de Erks, la supuesta urbe subterránea que según algunas corrientes esotéricas se encuentra bajo el Uritorco. Esta ciudad sería un lugar interdimensional conectado con energías cósmicas, y el acceso estaría reservado solo a quienes tengan una alta vibración. Los relatos sugieren que, en momentos de alineaciones astrales o energéticas específicas, es posible sentir o incluso ver señales de esta ciudad invisible.

Plagado de misterios y leyendas fascinantes, en el cerro Uritorco no podían faltar los numerosos avistamientos ovnis. Desde la década de los años ochenta, la presencia de luces extrañas en el cielo y gran cantidad de fenómenos inexplicables han hecho del cerro un lugar de encuentro de apasionados por la ufología. El caso más famoso ocurrió en 1986, cuando en la ladera del cerro, en una estancia cerrada conocida como El Pajarillo, apareció un círculo de pasto quemado. Muchos lugareños e investigadores atribuyeron el hecho a un aterrizaje de una nave extraterrestre, lo que hizo del cerro el epicentro de la actividad alienígena.

Seres extraterrestres, ciudades ocultas, reliquias olvidadas, lo cierto es que el cerro sigue siendo un lugar de concentración y reunión de personas que buscan respuestas, pero, por encima de todo, la montaña sigue siendo un lugar cargado de simbolismo y atracción, lo que la convierte en uno de los lugares más fascinantes de Argentina.

Montaña Roraima, el lugar más viejo del planeta

Ubicada en la Gran Sabana, en Venezuela, en el Parque Nacional de Canaima, la montaña Roraima es una de las formaciones geológicas más antiguas del planeta y esconde numerosos misterios y leyendas que han intrigado durante siglos a exploradores, científicos y comunidades indígenas.

La cumbre, a más de 2.800 metros sobre el nivel del mar, se caracteriza por una diversidad de formaciones rocosas que han sido moldeadas por la acción incesante del viento, la lluvia y el tiempo. Entre ellas destaca la piedra Maverick, una estructura casi perfecta que genera preguntas sobre su origen y el poder de la erosión en condiciones extremas. Cada recodo, grieta y roca cuenta una historia de millones de años, en la que la naturaleza ha esculpido un paisaje de belleza casi mística. El monte Roraima es también llamado Madre de Todas las Aguas, por ser el origen de varios ríos importantes —entre ellos el Esequibo— que vierten sus aguas en el río Arabopó, afluente del Kukenan, y que a su vez alimenta al Orinoco.

La cima de Roraima es un santuario para la vida, allí se han desarrollado especies que no se encuentran en ningún otro lugar. Así pues, tenemos animales como el sapo de Roraima, una especie que no existe en ningún otro sitio, o los helechos milenarios que revelan cómo era la vegetación hace millones de años. Además, la región alberga diversas aves como el colibrí tepui y numerosos insectos que son esenciales para la preservación de este ecosistema único. Debido a los suelos pobres en nutrientes y al clima extremo, las plantas han desarrollado estrategias de supervivencia únicas. Se pueden encontrar desde plantas carnívoras que capturan insectos para cubrir sus necesidades hasta musgos, líquenes y orquídeas adaptadas a las condiciones hostiles. Esta biodiversidad endémica convierte a Roraima en un laboratorio natural para el estudio de la evolución y la adaptación.

Para el pueblo pemón y otras comunidades indígenas de la región, Roraima es mucho más que una formación geológica: es un ente vivo, sagrado y repleto de simbolismo. Según sus tradiciones orales, la montaña es el vestigio de un árbol colosal que en tiempos inmemoriales sustentó la vida en la tierra. Según la leyenda, la caída de este árbol habría desencadenado una gran transformación en el mundo, y dio paso a la división del tiempo y la naturaleza. Para los indígenas, diversos seres espirituales habitan la cima, para ellos es «la casa de los dioses». En este punto es necesario hacer mención a la leyenda de Makunaima. Según la cultura indígena pemón, el monte Roraima fue creado por el legendario Makunaima. Cuenta la leyenda que fue un gran guerrero y también un espíritu ancestral que habitaba la región. Se dice que Makunaima creó la montaña como hogar para su pueblo, los pemón, cuando fueron expulsados de sus tierras por el fuego que destruyó sus aldeas. Makunaima subió a la cima de la montaña, y con su gran palo golpeó la roca y la abrió. Creó las cascadas, ríos y animales que habitan la región, y también hizo escaleras para que los pemones pudieran subir a la montaña y vivir en paz en la cima

Estos mitos no solo explican el origen del lugar, sino que también establecen un vínculo profundo entre la naturaleza y lo sagrado. La densa niebla y el ambiente casi atemporal de Roraima intensifican estas sensaciones místicas, y hace que quienes se aventuran en su cumbre a menudo se sientan en contacto con lo desconocido.

La fascinación por Roraima ha trascendido las fronteras de la mitología indígena. La famosa novela *El mundo perdido*, de Arthur Conan Doyle, y otras obras de ciencia ficción han tomado como inspiración este misterioso tepuy, y sugieren la posibilidad de descubrir criaturas prehistóricas o reinos ocultos en su interior. Así pues, la montaña se ha convertido en un símbolo de lo inexplicable, alimentando la imaginación de escritores, cineastas y aventureros de todo el mundo.

En cualquier caso, la montaña, con más de dos mil millones de años de antigüedad, concretamente de la era Proterozoica, es considerada como una de las más antiguas del planeta Tierra. Además, es la única que no tiene pico, puesto que su cumbre es completamente llana, una llanura, un tepuy conocido como «la isla en el cielo».

Roraima también ha sido lugar de avistamientos de ovnis, y como narra el escritor Ricardo González Corpacho: «Entre ellos, uno de lo más inquietantes involucra a un indio pemón que afirmó haber sido "llevado" por un objeto de "cristal", tripulado por seres altos, de rasgos bellos y cabellos largos. Aquellos seres lo condujeron al interior de los *tepuyes*, y le mostraron importantes bases subterráneas que debían mantenerse ajenas a la mirada curiosa del hombre de la superficie. Si la experiencia fue auténtica, tiene su sentido que el depositario del mensaje sea un indio pemón, quienes actúan de guardianes de los *tepuyes...*». Sin embargo, no solo se han producido fenómenos de contacto con extraterrestres, sino que el interior de la montaña guarda secretos que es mejor mantener ocultos, como los *sunkies*, guardianes de las entrañas del monte. Los indios pemones los llaman *amaikok*, seres diminutos, con cabeza grande, ágiles, y que protegen el lugar auxiliando a exploradores extraviados, e incluso les dan de beber. Son seres bondadosos que no tienen ninguna intención malévola, únicamente proteger el lugar. Existen numerosos testimonios de personas que los han visto en el interior de cuevas y grutas, y afirman que tras un instante desaparecen en la negrura de las oquedades. Los *amaikok* se hacen notar mediante destellos, luces parpadeantes o sensaciones de energía intensa. Aunque quienes aseguran haberlos visto lo interpretan como evidencia de una presencia consciente, estas manifestaciones podrían deberse a la interacción de la luz con la humedad, minerales o corrientes subterráneas. Uno de los testimonios que narra la presencia de estos seres es Juan Moricz, aventurero húngaro-argentino que dio a conocer la Cueva de los Tayos a escala mundial y que gracias a estas pequeñas criaturas habría llegado hasta la mítica Biblioteca Metálica.

Por todo eso no es casual que la montaña Roraima sea una de las más sagradas del planeta y, como tal, hay una serie de normas que deben respetarse, como no gritar en la cima, pues eso agita las nubes y el aguacero no tardará. Esto se toma muy en serio, y cuando algún turista alza la voz, es fácil escuchar a alguno de los porteadores del campamento decir: «¡No grite!». Asimismo, antes de ascender al Roraima hay que pedir permiso a la madre naturaleza. Con una sencilla oración será suficiente para que el aventurero demuestre su respeto. El *tepuy* responderá y, generoso, mostrará sus secretos a las gentes de buen corazón.

En la pared del *tepuy*, de cara a la rampa de ascenso, existe un portal de energía que permitiría a ciertos mortales, de corazón noble, tener contacto con avanzados seres de otros mundos. Se tiene noticia de turistas que lograron atravesar el portal gracias a poseer buenas intenciones. Tan buena suerte no corrió un guía que, en el pasado, e impulsado por la ambición, intentó entablar comunicación con aquellos seres. No se volvió a saber nada de él.

Los duendes son otras de las apariciones que pueden ser vistas en los alrededores de Roraima, y existen numerosas historias de ello.

El avistamiento de objetos extraños en las cercanías de Roraima es algo tan normal que no es propiamente una curiosidad. Cuando el velo de la neblina no oculta la bóveda celeste, es fácil ver un manto eterno de estrellas que se esparce por todo el infinito. En ese escenario es muy fácil ver estrellas fugaces y satélites que siguen, obedientes, una trayectoria horizontal. Sin embargo, hay acontecimientos que no son fáciles de explicar como, por ejemplo, la súbita aparición de una luz en el espacio, que luego desaparece para reaparecer más abajo, y luego moverse de forma errática. Otros reportan incluso la aparición de dos «grandes lunas» que se enfrentan en el horizonte nocturno, y hay incluso quienes se jactan de haber visto luces con la clásica forma de platillos voladores.

Sea como fuere, Roraima siempre se presentará ante nosotros como una de las montañas más mágicas y sagradas del planeta, pese a que, en la actualidad, y por culpa del ser humano y su permanente deseo de destruir, la subida a la cima está restringida para preservar su mágico legado. ¿De verdad que lo que durante millones de años ha permanecido inalterado en pocos años seamos capaces de eliminarlo?

La montaña de Choroní, aparición mariana y milagro místico

Ubicada en el estado Aragua (Venezuela), la montaña Choroní es un lugar conocido por su exuberante belleza natural y su profundo significado espiritual. Forma parte del Parque Nacional Henri Pittier, una de las áreas protegidas más antiguas del país, caracterizada por su rica biodiversidad, densas selvas tropicales y paisajes montañosos que descienden hasta la costa caribeña. Muchas personas han reportado experiencias místicas y encuentros que refuerzan su reputación como un lugar de energías especiales. Una de las leyendas más significativas está relacionada con las apariciones de la Virgen María, conocidas por locales y peregrinos como una manifestación de lo divino en este espacio sagrado.

Plagada de cañaverales, arquitectura hidráulica del pasado, senderos frondosos y verdosos, entre ellos encontramos el lugar del canal, que recolectaba agua para la central hidráulica. Sin duda, es un lugar mágico, y en la ascensión hasta la cima el agua es la protagonista fundamental: agua limpia, fresca con cascadas interminables. Así ascendemos hasta que llegamos a la gruta en la que hay una imagen de la virgen dentro de un receptáculo. Se dice que en la época en que los mineros trabajaban en las montañas de Choroní se enfrentaban a condiciones extremadamente difíciles. Las minas, pequeñas y rudimentarias, eran explotadas en busca de minerales como oro y cuarzo, pero las jornadas eran agotadoras, y los accidentes eran comunes. El aislamiento del lugar y las inclemencias del tiempo aumentaban los riesgos.

Tras una de las explosiones controladas que realizaban, un grupo de mineros quedaron atrapados en la mina, y comenzaron a orar desesperadamente a la Virgen María para pedirle ayuda y protección. La oscuridad, el temor y la imposibilidad de salir por sus propios medios los hicieron depender completamente de su fe. También se cuenta que, en el momento de la explosión, tres enormes bloques de piedra cayeron y quedaron perfectamente encajados a menos de diez centímetros de los mineros. Según los relatos, en el momento de mayor angustia, una luz brillante e inexplicable se manifestó en la mina. Inicialmente asustados, los mineros pronto se dieron cuenta de que no era una luz común. En medio del resplandor apareció una figura femenina vestida de blanco y azul, irradiaba calma y esperanza, los cubrió con su manto y los protegió de todo mal que pudiera sufrir. Reconocieron de inmediato que era la Virgen María. Según los testigos, la Virgen les habló con dulzura y les transmitió un mensaje de fortaleza y fe. Les aseguró que serían rescatados y que debían confiar en Dios. Además, les pidió que cuidaran el entorno natural en que trabajaban, ya que era un regalo divino que debía ser preservado para las generaciones futuras.

Algunos relatos mencionan que la Virgen tocó las paredes de la mina, y estas comenzaron a emanar un aroma dulce, como de flores. Luego de la aparición, un grupo de rescate llegó inesperadamente y lograron sacar a los mineros con vida, un hecho que muchos consideran milagroso.

En la actualidad, la imagen de la Virgen permanece en Choroní, a la entrada de la gruta, en memoria de aquel milagro que logró salvar la vida de los mineros que allí trabajaban. Cada febrero se realiza una peregrinación desde los diferentes caseríos a los pies de la montaña, y al llegar frente a ella, se celebra una misa en su honor, se le conoce como el día de la Virgen. Es un lugar de meditación y conexión espiritual, y el mensaje de la Virgen sobre el cuidado del entorno fue interpretado como una llamada a preservar la montaña y evitar su explotación excesiva.

Es un lugar que conmueve, con su paisaje y con el relato de la Virgen, con su cañaveral como un recordatorio del pasado agrícola de Choroní, además de un ejemplo de la belleza natural que caracteriza la región. Es un espacio que invita a reflexionar sobre la importancia de la conservación y a disfrutar de la conexión con la tierra, al tiempo que mantiene viva la memoria de las raíces culturales y espirituales de sus habitantes. El Cañaveral se refiere a una zona en las cercanías de Choroní que en su época colonial estuvo marcada por la producción de caña de azúcar. Las haciendas cacaoteras y cañaverales eran comunes en esta área, y su economía dependía en gran medida del trabajo agrícola, que combinaba prácticas indígenas, africanas y europeas.

Los cañaverales eran esenciales no solo para la producción de azúcar y derivados, como el papelón, sino también como parte de la vida cotidiana de la región. Los esclavos traídos de África desempeñaron un papel importante en estas plantaciones, y su legado cultural se refleja en las tradiciones musicales, religiosas y culinarias de Choroní.

Todo en Choroní es mágico, la producción artesanal del cacao, de la caña de azúcar, la aparición mariana, el correr del agua, el verde del ambiente, hacen de la montaña un lugar sagrado único.

Monte Shasta, la cumbre de los ascendidos y la vida intraterrestre

Shasta es el segundo pico más alto de los volcanes Cascade Range (4.316 metros), con una cumbre que la mayoría de los meses del año está cubierta por una fina capa de nieve. Está ubicado en una maravillosa reserva natural llamada Monte Shasta Wilderness, que a su vez pertenece al Shasta-Trinity National Forest, en el norte de California, con una vida de más de quinientos mil años. Es un volcán durmiente cuya erupción normalmente está más o menos calculada cada seiscientos años. Es uno de los lugares más sagrados del planeta. Un centro energético, de hecho, el reino del monte es la concentración de la luz intraterrenal.

Pero ¿qué significa Shasta? La mayor parte de los historiadores consideran que, en la actualidad, el monte lleva el nombre del pueblo, y que podría proceder de la palabra rusa *tshastal*, que significa «blanco» o «puro». También otros historiadores lo vinculan con la palabra *chaste*, que se traduce como «blanco». Sin embargo, la verdadera raíz de la palabra la encontramos, como no podría ser de otra forma, en un vocablo indígena: *Ieka*, que significa «montaña blanca». Sea como fuere, lo curioso es que todas las etimologías la identifican con el color blanco, que representa la pureza y la espiritualidad. Además, Shasta ha sido el nombre de una tribu india que en el año 1840 vivía en las cercanías de Yreka. Lo más probable es que los indios se hayan llamado así en honor a la montaña sagrada.

La historia se Shasta tiene su origen en un explorador español llamado fray Narciso Durán, que en 1817 realizó el primer avistamiento de la montaña, a la que llamó Jesús María. Años después, en 1841, la expedición Wilkes la rebautizó como Shasty Peak, publicándose la primera imagen conocida. Desde 1850, todos la conocen como el monte Shasta.

Es uno de los montes espiritualmente más energéticos, y Shasta forma parte de uno de los chakras planetarios, en concreto el chakra número uno, la raíz, la conexión con la tierra, con el color rojo. La tierra está viva y tiene un proceso evolutivo, al detenernos a observarla podemos encontrar una serie de diseños sorprendentes que configuran la arquitectura de la propia naturaleza y la vida, y no existe ningún arte que se le compare. Robert Kun hacía referencia a siete chakras planetarios que tienen la función de mantener el equilibrio, la salud, la energía y el bienestar de los seres humanos. La tierra es nuestro hogar, pero debemos convivir con ríos, lagos, especies animales, bosques, y queramos aceptarlo o no, todos los seres vivientes estamos unidos, y la existencia de unos depende de los otros. Al referirnos al planeta, siempre decimos que es un lugar en el que hay vida, pero interpretemos la pregunta al contrario: ¿y si el planeta está vivo?

Según Robert Kun, la vida tiene vida propia, y lo que hace posible que fluya la comunicación con el resto de las especies es la energía localizada en diferentes puntos que permiten trasmitir la información, y ahí es cuando entran en escena los diferentes chakras planetarios. Es un lugar especial, sin duda, del que existen diferentes teorías acerca de vida intraterrestre, y se ha especulado que su interior es hueco, con infinidad de túneles, cuevas, rincones y recovecos, e incluso se dice que allí podrían vivir los supervivientes del continente perdido de Mu. Hay testigos que aseveran haber visto entrar y salir de esas cuevas a seres humanos con los cabellos rubios y ojos azules, y también cuentan los antiguos nativos e indios americanos que se han encontrado *big foots*, y seres con piel traslucida de no más de un metro de altura, lo que conocemos como seres elementales de la naturaleza y que se hacen visibles o invisibles a voluntad. Así lo afirma la canalizadora canadiense Aurelia Louise Jones, que ha dado a conocer a Telos, el nombre que acuñó para dicha ciudad oculta. Adama, el hombre de cabellos rubios y túnica blanca que la contactaba, afirmaba provenir del continente perdido de Lemuria. La conexión entre Lemuria y el monte Shasta también surge en los escritos de Frederick Spencer Oliver, autor californiano que publicó el libro *A Dweller on Two Planets* (1894). En este libro, Oliver describió la existencia de una avanzada civilización que vivía en el interior del monte Shasta. Aunque no mencionó específicamente a Telos, este trabajo sentó las bases para futuras interpretaciones.

Telos proviene de la palabra griega τέλος que significa «final» o «propósito». Telos es una ciudad subterránea supuestamente ubicada en el monte Shasta. Se describe como una metrópolis avanzada, con cúpulas brillantes, tecnología basada en energía de cristales y estructuras diseñadas para armonizar con las energías de la Tierra. Los habitantes de Telos son considerados los últimos remanentes de Lemuria, y habrían buscado refugio bajo tierra tras la destrucción de su continente hace más de 12.000 años. Son descritos como seres altamente espirituales, físicamente altos y de apariencia luminosa. Practican una vida basada en el amor incondicional, la cooperación y la conexión con la naturaleza. Según los relatos, utilizan cristales gigantes para generar energía y mantener un equilibrio vibracional que les permite coexistir en un estado de paz y abundancia. Supuestamente están en contacto con la humanidad para asistir en su evolución espiritual. Se dice que su propósito es ayudar a los humanos a alcanzar un estado de conciencia más elevado y a prepararse para un futuro en el que el planeta entero viva en armonía.

Otro escritor partidario de la teoría intraterrestre de Shasta es Guy Ballard, fundador del movimiento espiritual conocido como Yo Soy *(I Am)*. Ballard aseguraba haber tenido encuentros con seres ascendidos en el monte Shasta, lo que contribuyó a la reputación espiritual de la montaña. Guy Ballard afirmó que en 1930 tuvo un encuentro trascendental con un «maestro ascendido» llamado Saint Germain mientras caminaba en las laderas del monte Shasta. Según su relato, este maestro le reveló secretos espirituales y le otorgó un papel en la misión de elevar la conciencia de la humanidad. Saint Germain, un ser espiritual inmortal, es una figura central en la teosofía y en las enseñanzas de Ballard. Para él, Saint Germain y otros maestros ascendidos habitan en dimensiones superiores y trabajan para guiar a la humanidad a la iluminación y la ascensión espiritual. Saint Germain lo habría introducido en la enseñanza del Yo Soy, un sistema espiritual basado en el poder de la afirmación, la invocación y la conexión directa con la presencia divina interior. Ballard describió el monte Shasta como un lugar sagrado, hogar de seres espirituales avanzados que viven en dimensiones superiores o en vastas estructuras ocultas en la montaña.

Otros testigos mencionan que en el año 1972, mientras descansaban en la cima del monte, cinco figuras con aspecto humanoide, altas y con cabelleras abundantes, caminaban tranquilamente por los alrededores para desaparecer de repente. Numerosos estudios y expediciones han acudido al monte y han realizado exploraciones detalladas del lugar sin encontrar ninguna construcción ni ninguna alteración arquitectónica extraña, pero lo cierto es que son numerosos los testigos que dicen haber contemplado «extraños» objetos que no son de este mundo. Sin duda, lo más sorprendente son las declaraciones y descubrimientos narrados por J. C. Brown, de la Lord Cowdray Mining Company de Londres. Según Brown, llegó a localizar un largo túnel que se adentraba en las profundidades del monte y del que no podía contemplar el final. No se lo pensó, y decidió penetrar en el sin saber lo que allí se ocultaba. Lo que narra es sencillamente espectacular, más propio de Howard Carter al descubrir la tumba de Tutankamón.

Según Brown, después de caminar cerca de cinco kilómetros, se topó de lleno con restos de cobre y oro, y llegó a una galería llena de objetos metálicos, como trece estatuas de oro y un disco brillante de un color dorado, similar al sol. También encontró restos de seres humanos gigantes, en concreto veintisiete esqueletos, el menor de un metro y el mayor de aproximadamente tres metros de altura, e inscripciones en las paredes que no pudo descifrar, junto con estructuras arquitectónicas que sugerían un conocimiento avanzado de ingeniería.

Lo más sorprendente del descubrimiento viene a continuación, y es que, en 1934, casi treinta años después de su supuesto descubrimiento, J. C. Brown reapareció en Stockton (California), donde relató su historia a un grupo de personas interesadas en lo paranormal y los misterios antiguos. Brown organizó una expedición para explorar la cueva y recuperar los artefactos, y prometió a sus seguidores que los guiaría al lugar exacto en que había encontrado la entrada. Brown consiguió reunir a un equipo de 80 personas, incluyendo arqueólogos aficionados, aventureros y curiosos locales, para una expedición al monte Shasta. Les aseguró que su descubrimiento cambiaría la comprensión de la historia humana. La noche antes de que la expedición partiera, el 19 de junio de 1934, J. C. Brown desapareció misteriosamente sin dejar rastro. No se encontraron pistas de su paradero, y la expedición nunca se llevó a cabo. La desaparición dejó a sus seguidores frustrados y generó especulaciones sobre si había sido silenciado, secuestrado o si todo había sido un engaño. ¿Qué piensas, querido lector? ¿Debía ser silenciado y que el secreto del monte continuara por siempre dormido?

Tampoco debemos pasar por alto los avistamientos de ovnis que se han producido y, estoy seguro, se siguen produciendo en la cima del monte. Paola Harris, reconocida periodista e investigadora del fenómeno ovni, participó en septiembre de 2014 en un acto de contacto en el monte Shasta organizado por el investigador peruano Ricardo González. Durante este encuentro, Harris y otros participantes realizaron meditaciones y prácticas espirituales enfocadas en la paz mundial. Según los testimonios, experimentaron avistamientos de objetos voladores no identificados y encuentros con entidades extraterrestres, incluyendo una denominada Antarel del sistema Alfa Centauri.

Según relata el propio Ricardo González:

> Un gigante de casi tres metros de estatura —su figura emergía al lado de dos pequeños pinos— se hallaba de pie muy cerca de la energía que habíamos descubierto. Era un hombre de apariencia joven, tal vez de unos treinta y pico de años, con cabello largo, color cano, vestido con un buzo azul-gris oscuro, muy pegado al cuerpo. El hombre se hallaba bien erguido, con los brazos descansando a ambos lados y con la cabeza recta hacia nosotros. Era Antarel, el ser que había concertado el avistamiento. Así nos lo hizo saber telepáticamente. Nos quedamos presos de la impresión.

Paola Harris describe lo que vivió de la siguiente forma:

> No lo podía entender. Antarel tenía una voz con eco, como si fuese una transmisión de radio. Hice un esfuerzo muy grande para escuchar y entender sus palabras, que venían desde lo alto de los árboles, a la derecha de mi ubicación... Después de unos minutos, dos palabras eran muy, muy claras «*Thank You*». Él las pronunció en perfecto inglés. Eran palabras perfectas y claras, que llegaron acompañadas de ese eco. Este fue un contacto real.

Este evento se enmarca en una serie de experiencias de contacto programado que González ha promovido, en los que los participantes buscan establecer comunicación con inteligencias no humanas a través de métodos meditativos y espirituales. Harris ha documentado estas experiencias, contribuyó al estudio y divulgación del fenómeno ovni y la posibilidad de contacto extraterrestre.

Desde mi punto de vista, al margen de experiencias extraterrestres e intraterrestres, de lo que no hay ninguna duda (de lo otro quizá alguna más) es que el monte Shasta es un lugar de poder, mágico, energético, la raíz del planeta Tierra, y merece ser cuidado y venerado como tal. Un lugar para trascender y trasmutar, para poder comprender que siguen existiendo lugares en los que la conexión con lo cósmico, telúrico, espiritual y divino es más sencilla que en otros lugares, simplemente porque están recargados de una energía que nos permite fluir con el ambiente. Pero, ojo, no toda la energía es buena, y debemos saber canalizarla porque al igual que un lugar mágico nos recarga energéticamente, también puede descargarnos emocionalmente, y hay que estar preparado para ello.

El cerro de Nobsa y la Cruz Aranda

Ubicado en el corazón de la provincia de Boyacá, en Colombia, el municipio de Nobsa es conocido no solo por su riqueza cultural y artesanal, sino también por su profunda tradición religiosa. En este contexto destaca la emblemática Cruz Aranda, un monumento de gran importancia espiritual y cultural que se erige en lo alto del cerro de Nobsa. Esta cruz es un símbolo que ha inspirado devoción, unión comunitaria y un sentido de identidad entre los habitantes de la región.

Según cuenta la leyenda, el diablo reinaba por aquellas tierras y campaba a sus anchas generando terror y hambruna entre la población. También provocaba que cada cierto tiempo la enorme espesura de sus valles se convirtiera en un secarral en el que los agricultores no podían sembrar nada. Fruto de su maldad incluso decidió destruir y sumir en cenizas la iglesia parroquial, lo que hizo que la población creyente uniera sus fuerzas para expulsar al maligno de sus tierras. Y así fue como junto con el padre José Agustín Aranda, el 3 de mayo de 1885 decidieron construir una cruz de madera y colocarla en lo más alto del cerro de Nobsa para alejar por siempre a la criatura infernal. Durante muchos años fue venerada y eran continuas y habituales las peregrinaciones a la cruz.

Lógicamente, al estar construida en madera, la cruz sufrió las inclemencias del tiempo hasta su completa destrucción. Sin embargo, y a la vista de que la finalidad del monumento cumplió con su objetivo, el 13 de mayo de 1931, el padre Francisco Becerra y sus feligreses construyeron una nueva cruz de cemento y la colocaron en un lugar conocido de la Porquera. No obstante, no era la ubicación original, por lo que el pueblo consideró que no tendría los mismos resultados que la anterior y que si el maligno volvía, no podría aplacar su furia. Por eso, el 14 de junio de 1931, fue trasladada en procesión hasta el lugar en que fue colocada originalmente por el padre Aranda, y allí estuvo hasta 1957 cuando, según cuentan los mayores del lugar, un rayo la partió y la destruyó.

En la actualidad, la cruz que se puede contemplar es una reconstrucción del año 1989 realizada en hormigón. Como representa la intención de las dos anteriores, se ha mantenido la leyenda y los paisanos de Nobsa continúan llamando a ese paraje agreste la Cruz Aranda. La historia de todas las ciudades, pueblos y recónditos lugares del planeta se construye a base de leyendas y conocimientos ancestrales. Por lo tanto, es necesario recordarlas para no perder un legado esencial de sabiduría. Muchas de estas historias cuentan verdades y realidades, no todo es ficción, estoy completamente convencido de que el cerro de Nobsa sigue guardando multitud de misterios. De hecho, hoy en día, la Cruz Aranda no es simplemente un monumento; es también un sitio de peregrinación y recogimiento espiritual. Durante el año, en especial en la Semana Santa, el cerro se convierte en un destino para devotos que buscan rendir homenaje a la cruz a través de procesiones, rezos y misas al aire libre. Este acto de fe no solo refuerza las creencias religiosas de los habitantes de Nobsa, también atrae a visitantes de otras regiones de Colombia. Además, el lugar se ha convertido en un espacio para reflexionar sobre la relación entre el ser humano y la naturaleza. La ubicación privilegiada de la cruz, rodeada de un paisaje andino majestuoso, invita a los visitantes a contemplar la belleza del entorno y a conectar con valores de gratitud y espiritualidad.

Y como las leyendas nos trasladan parte de la historia, considero interesante poner de manifiesto algunas más sobre la cruz. Cuentan que antes de que la cruz fuera colocada, un pastor tuvo una visión en el cerro: un resplandor le habría señalado el lugar exacto en que debía erigirse el monumento. Aunque no hay pruebas tangibles de este relato, ha sido transmitido de generación en generación como una muestra del carácter especial del sitio. Otra leyenda que circula entre los habitantes es que la cruz tiene la capacidad de proteger al pueblo de Nobsa de calamidades naturales, como tormentas o sequías. De hecho, algunos ancianos del lugar recuerdan que, durante eventos climáticos extremos, las comunidades se reunían a rezar en el cerro, convencidos de que la cruz tenía un poder protector.

Para los aficionados a lo esotérico, el cerro de Nobsa y la Cruz Aranda forman parte de una red de puntos energéticos que conectan diversos lugares sagrados en Boyacá. Según esta teoría, los cerros en que se encuentran monumentos religiosos o históricos, como el cerro de Monserrate en Bogotá o el de Tunja, estarían alineados en un patrón que refleja una antigua sabiduría cosmológica. Se dice que quienes visitan la cruz y permanecen en meditación u oración en su proximidad pueden sentir una conexión energética con el universo o experimentar un profundo bienestar emocional.

No podemos olvidar que Boyacá tiene un historial de avistamientos reportados de ovnis. La combinación de paisajes majestuosos, cielos despejados y la tradición oral han hecho de esta área un terreno fértil para la proliferación de historias sobre extraterrestres. Nobsa, con su cerro y la Cruz Aranda, se ha sumado a esta narrativa, reforzando su lugar como un destino de interés tanto para devotos religiosos como para quienes buscan explicaciones fuera de este mundo. Sea como fuere, lo cierto es que nos encontramos ante un lugar mágico, de poder místico y espiritual, cuyos pobladores han considerado como símbolo de protección y viven con la creencia de que en un tiempo remoto fueron liberados del maligno por el influjo de una cruz y un cerro que los acogió bajo su mantra de luz y purificación.

Blanca Peak, montañas de la Sangre de Cristo

Ubicado en la majestuosa cordillera de las montañas de la Sangre de Cristo, el Pico Blanca es una de las cumbres más impresionantes y veneradas del estado de Colorado. Con una altura de aproximadamente 4.372 metros, esta montaña no solo se destaca por su imponencia geográfica, sino también por la profunda conexión espiritual que ha generado a lo largo de los siglos en diversas culturas.

El Pico Blanca ha sido considerado un lugar sagrado por las tribus indígenas de la región, en particular por los pueblos nativos como los Ute y los Taos Pueblo. Para ellos, la montaña es un sitio de poder y reverencia, un puente entre la tierra y el cielo. En muchas tradiciones indígenas, las montañas representan la morada de los espíritus y deidades, y el Pico Blanca no es una excepción. Se cree que es un punto de acceso a energías espirituales que proporcionan guía y protección a quienes se acercan con respeto.

En la cosmovisión nativa, el Pico Blanca forma parte de los cuatro picos sagrados que delimitan la patria tradicional del pueblo navajo. Específicamente, se asocia con el este y simboliza el amanecer, la sabiduría y los nuevos comienzos. Este simbolismo convierte a la montaña en un espacio para la introspección, la purificación y el fortalecimiento espiritual.

En torno al Pico Blanca han surgido diversos relatos y leyendas, muchos de ellos refuerzan su carácter místico. Se dice que los chamanes y líderes espirituales de las tribus nativas han realizado ceremonias en la base y en la cima de la montaña, en busca de guía y protección de los espíritus de la naturaleza. Algunos exploradores modernos han reportado sentir una energía especial en sus alrededores, y describen experiencias de claridad mental y sensaciones de paz profunda.

Además, algunos creen que el Pico Blanca es un vórtice energético, un lugar en el que las energías del universo convergen y facilitan la meditación y la conexión espiritual. Este concepto ha atraído a practicantes de diversas tradiciones espirituales, incluyendo el budismo, el yoga y el chamanismo, quienes buscan en la montaña un espacio para el crecimiento interior y la renovación de la energía vital.

Cuchumá, montaña sagrada de Tecate

La montaña sagrada de Cuchumá es una prominente elevación ubicada en Tecate (Baja California, México), y es considerada un sitio de profundo significado espiritual y cultural para los pueblos indígenas de la región, en particular para los kumiai. Esta montaña ha sido venerada desde tiempos ancestrales y es reconocida como un espacio de conexión con lo sagrado, la naturaleza y los espíritus.

Los kumiai, un grupo indígena yumana cuyo territorio ancestral abarca partes del norte de Baja California y el sur de California, consideran que la montaña es un lugar de poder en el que los chamanes o guías espirituales recibían visiones y mensajes durante rituales y ayunos. Según la tradición oral kumiai, en Cuchumá habitan espíritus guardianes y fuerzas invisibles, y la montaña representa un punto de encuentro entre el mundo terrenal y el mundo espiritual. Los kumiai han influido profundamente en la visión cultural y espiritual que se tiene de Cuchumá. Su cosmovisión se basa en el equilibrio con la naturaleza y en la veneración de los elementos que conforman su entorno. La montaña sagrada es parte esencial de su identidad, y ha sido un lugar para ceremonias de iniciación, sanación y comunión con el cosmos.

Varios son los testimonios de mujeres kumiai que simbolizan y ponen de manifiesto qué representa la montaña para los indígenas.

Teodora Cuero Robles afirma: «Para nosotros, Cuchumá es vida. Desde que yo era niña, mi abuela me decía que ahí hablaban los espíritus. Que si uno sube con respeto, la montaña te escucha. No se va a ver con los ojos, pero sí se siente aquí —dice llevándose la mano al pecho—. En Cuchumá viven los guardianes de la tierra.

Cuando los jóvenes van allá a ayunar o a buscar respuestas, están siguiendo el camino de los antiguos. Yo he subido para pedir por los enfermos, por mis hijos, y siempre bajo con fuerza nueva. Esa montaña es nuestra madre grande. Y no se vende, no se explota, se respeta».

En una intervención ante la Cámara de Diputados de México en 2019, Norma Alicia Meza Calles, mujer kumiai originaria de Juntas de Nejí, en Tecate, afirmó: «Los cerros, los árboles, los animales son nuestros hermanos y los cuidamos. Continuamos en nuestra tierra, defendiéndola de personas que no tienen amor a su patrimonio».

Además, en investigaciones sobre la cartografía simbólica del territorio kumiai, Josefina López Meza identifica la cúspide de granito blanco de una montaña en Peña Blanca como la «casa de la víbora mítica», una figura central en la cosmovisión kumiai. Este sitio es considerado un geosímbolo espiritual que conecta a la comunidad con sus ancestros y tradiciones.

En entrevistas realizadas por investigadores como Michael Wilken, Josefina ha relatado cómo su familia ha habitado y cuidado estas tierras durante generaciones. Ha señalado la importancia de preservar estos lugares frente a amenazas externas, como la invasión de tierras y la destrucción de sitios arqueológicos, que ponen en riesgo la continuidad de su cultura y su espiritualidad.

Estos testimonios no solo documentan la riqueza cultural de los kumiai, sino que también representan una llamada a la protección y al respeto de sus territorios sagrados, esenciales para la identidad y la supervivencia de su pueblo.

3

EUROPA

El monte Athos, escenario de batallas entre dioses y gigantes

A más de 2.033 metros de altura se alza majestuoso el monte Athos, con una vegetación esplendorosa que hace del lugar un enclave mágico y espiritual venerado por la Iglesia ortodoxa. Sin embargo, lo que más caracteriza a la montaña es el misterio que envuelve, que fusiona lo divino y lo humano, la realidad y la mitología, la religión y lo heterodoxo. De hecho, el monte Athos es el epicentro de las guerras titánicas; es decir, un conjunto de batallas que tuvieron lugar entre los dioses y los titanes. De esta forma, el nombre del monte no es casual, Athos representa a un gigante que en una batalla contra Poseidón le lanzó una enorme roca que dio lugar a la montaña que hoy pisamos.

Este relato es un ejemplo de los momentos primigenios de la creación, cuando los gigantes y titanes disputaban el gobierno y el control del universo a los dioses. Estas continuas batallas entre dioses y gigantes se han llamado Gigantomaquia, una épica batalla que enfrentó a los dioses del Olimpo contra los gigantes, seres colosales nacidos de Gea (la tierra) tras ser fecundada con la sangre de Urano, el cielo, al ser castrado por Cronos. En esta lucha atroz, Athos fue quien más destacó por su rudeza, tamaño y valentía. No tenía reparos en enfrentarse a todo aquel que intentara derrotarlo. Así llegó el momento de luchar cuerpo a cuerpo con el dios del mar, Poseidón, uno de los más poderosos entre los olímpicos. Athos solo tenía el poder de la fuerza, por lo que cogió una enorme piedra y la arrojó a Poseidón con todas sus fuerzas. Este logró esquivar la roca y cayó en el mar, dando origen al actual monte Athos. No obstante, en la leyenda mitológica también se ha dicho que Poseidón logró herir o matar a Athos, que su cuerpo inerte se convirtió en montaña y que su alma quedó atrapada para siempre. Esta narrativa mitológica es habitual y suele asociarse un cuerpo muerto de un titán, dios o gigante como representantes de accidentes geográficos. De hecho, muchas veces vemos montañas, cumbres o cerros que se asemejan a una mujer dormida o a un gigante en postura sacra que parece que en cualquier momento pueda despertar y volver a deambular por la tierra.

Esta visión mitológica del monte Athos nos hace replantear hasta qué punto las montañas sagradas tienen una naturaleza viva, una personificación de lo inerte. Al fin y al cabo, los mitos tenían una finalidad pedagógica; es decir, trataban de mostrar y explicar el mundo físico, pero al mismo tiempo sacralizaban los lugares que tenían alguna característica especial, como ya hemos comentado antes, por ejemplo, la altura.

Pero ¿por qué es tan especial el monte Athos? ¿Por el simple hecho de que unas narraciones mitológicas hayan llegado hasta la actualidad? ¿Los mitos no tienen visos de realidad? Lo cierto es que el monte fue un lugar al que los dioses se retiraban a meditar, en lo alto de la montaña se concentra un alto grado de tranquilidad, serenidad y espiritualidad. Es un sitio propicio para conectar con lo divino, y en todas las tradiciones se lo ha considerado sagrado.

De esta forma, en el cristianismo, según la leyenda, la Virgen María y san Juan Evangelista navegaban hacia Chipre, pero una tormenta les hizo cambiar el rumbo de la barcaza ante el peligro de zozobrar, dirigiéndose hacia el monte Athos, donde finalmente encalló. Al bajar del barco, la Virgen quedó deslumbrada ante la belleza del lugar, pues incluso llegó a pensar que era el mismísimo Edén celestial. Se arrodilló, besó la tierra y rezó a Dios para que consagrara el lugar como su jardín personal. Desde entonces, al monte también se lo conoce como el jardín de la Virgen. Es curioso que quizá fuera una mujer la primera en pisar las faldas del monte, ya que en la actualidad se prohíbe el ingreso a las mujeres, según se dice para que los monjes que lo habitan no sientan ninguna tentación carnal.

Se desconoce la fecha exacta del asentamiento de los primeros cristianos en el monte Athos, pero el historiador Heródoto ya escribió acerca de la región en el año 500 a. C. Cuenta que el general persa Mardonio cruzó Athos, y el rey Jerjes abrió un canal, del que en la actualidad pueden verse huellas en la parte estrecha de la península, en Nea Roda. Es la paradoja de lo divino y ancestral. El monte está habitado desde aproximadamente el siglo x por un grupo de veinte monasterios principales y multitud de aldeas y celdas en las que se busca la paz, la oración, el trabajo manual y la reflexión.

Hoy en día es patrimonio de la Unesco, y es uno de los centros religiosos más importantes del cristianismo occidental. Lo que también hace sagrada a la montaña es la cantidad de privilegios reconocidos que tienen sus habitantes. En concreto, en el año 883, el emperador macedonio Basil I promulgó el primer edicto imperial con relación a los monjes que habitaban el monte, a los que concedió numerosos derechos. En el año 960, el emperador Nicéforo Focas y el monje Atanasio empiezan la construcción del primer monasterio oficial y ordenado, el de Meguistis Lavrat. Y así ha seguido hasta nuestros días, delimitados en diversos territorios y edificios, alojándose en ellos diferentes monjes. De hecho, hasta el año 2025 también estaba prohibida la entrada a los catalanes. El motivo de este veto se remonta al año 1305, cuando mercenarios de la Corona de Aragón saquearon el monte Athos como respuesta al asesinato de Roger de Flor, caudillo de la Gran Compañía Catalana, un episodio conocido como «la venganza catalana». Curiosamente, no se impide la entrada a aragoneses ni a valencianos, quienes también formaban parte de aquella compañía.

En verdad gozan de una especie de autogobierno, con un estatuto propio reconocido por el gobierno de Grecia. Así lo señala la revista *National Geographic*: «En 1924 se concedió al territorio un estatus especial de autogobierno con un estatuto conocido como "Fueros de la montaña sagrada de Athos". Al contrario de lo que suele suceder con las legislaciones, cuya jerarquía va de arriba abajo, dicho estatuto tiene prioridad sobre las leyes nacionales y europeas. En el ámbito eclesiástico depende únicamente del patriarca de Constantinopla. También está exento de pagar impuestos de cualquier tipo al Estado griego».

Lo que queda fuera de toda duda es que la montaña es mucho más que eso, mucho más que una mole de piedra. Es un símbolo de lo sagrado, un refugio espiritual al que solo se puede llegar por mar y tras pasar el control exhaustivo de una frontera bien protegida. Pero ¿por qué tanto celo en su accesibilidad? ¿Qué documentos y legajos se enconden en esos monasterios guardados celosamente por los monjes cristianos? ¿Puede quedar alguna constancia de que la Virgen estuvo allí? Evidentemente, muchos regalos siguen guardados en sus sacristías, más de veinte mil pequeños iconos y cien mil metros cuadrados de frescos que se remontan al siglo XII decoran las iglesias y monasterios del monte Athos. Todo eso acrecienta el misterio, y hace que el monte Athos nos atrape y nos atraiga. Al final, el verdadero poder de los lugares mágicos reside en las historias que los rodean y en las almas que los habitan, algo tiene que contar la montaña, y solo estando allí podremos escucharla.

El Teide, cordillera de Anaga y Tindaya, el misterio y lo sagrado de las Islas Afortunadas

Las cañadas del Teide

Sin duda, el pico Teide supone para todos los canarios un motivo de orgullo e identidad, pero debemos valorar algo que va mucho más lejos, y es el arraigo y respeto que se profesa a su imagen, no en vano en las islas se refieren a él como el Padre Teide.

Las cañadas del Teide se elevan majestuosas, y ofrecen un paisaje que parece extraído de un cuento de hadas. Este impresionante lugar, declarado patrimonio de la humanidad por la UNESCO, no solo es un tesoro geológico, sino que también está envuelto en un aura de magia y misterio que ha fascinado a generaciones.

Con sus vastos campos de lava y formaciones rocosas únicas, las cañadas del Teide hacen que nos transportemos hasta un lugar casi extraterrestre. A lo largo de los siglos ha sido escenario de innumerables leyendas y mitos. Los antiguos pobladores de las islas, conocidos en Tenerife como guanches (en cada isla tenían una denominación diferente, pero, en la actualidad, el término «guanche» sirve para referirse al conjunto), consideraban el Teide como una montaña sagrada, un lugar en el que habitaban los dioses.

Esperando garantizar la fertilidad de la tierra y la prosperidad de sus comunidades, los guanches llevaban a cabo ofrendas de alimentos, animales y objetos simbólicos. Se cree que algunos de estos rituales se realizaban en la cima del Teide, en el mismísimo cráter del volcán, un lugar de difícil acceso, pero considerado de gran poder espiritual. Estas prácticas no solo tenían un propósito religioso, sino que también fortalecían la cohesión social y la identidad cultural de los guanches. A través de estos rituales transmitían conocimientos y tradiciones de generación en generación, y mantenían viva su rica herencia cultural.

Uno de los mitos más fascinantes es el de Guayota, el demonio que habitaba en el interior del Teide (Echeyde). Según la mitología guanche, Guayota era una entidad maligna que residía en el volcán y causaba el caos en la tierra. Se dice que Guayota secuestró a Magec, el dios del sol, y sumió al mundo en una oscuridad perpetua.

Desesperados, los guanches imploraron a Achamán, el dios supremo, que interviniera para salvarlos de esta calamidad.

Achamán respondió a las súplicas de los guanches y luchó contra Guayota en una batalla épica. Al final logró derrotar al demonio y liberar a Magec, y devolver la luz y la esperanza al mundo. Achamán selló a Guayota dentro del Teide, y según la leyenda, cuando el volcán entra en erupción, es porque Guayota está tratando de escapar de su prisión subterránea. Lo curioso de todo este mito es que se dice que la última vez que Guayota se manifestó fue en 1492, y se sabe esto porque el marino Cristóbal Colón pasó y vivió unos días en la isla de la Gomera. Desde allí, según sus crónicas, observó que el Teide entró en erupción, y según los guanches que vivían en la isla era Guayota.

El mito de Guayota no solo explica la actividad volcánica del Teide, sino que también refleja la cosmovisión de los guanches, en la que las fuerzas de la naturaleza están profundamente entrelazadas con lo espiritual y lo divino. La leyenda ha perdurado a lo largo de los siglos, y hoy en día sigue siendo una parte esencial del patrimonio cultural de Tenerife.

Además de su riqueza mitológica, las cañadas del Teide tienen una importancia científica notable. El Parque Nacional del Teide es uno de los lugares más estudiados del mundo por su geología, biodiversidad y condiciones atmosféricas únicas. Los cielos despejados y la escasa contaminación lumínica convierten este lugar en un paraíso para los astrónomos del mundo. De hecho, el Observatorio del Teide es uno de los centros de investigación astronómica más importantes del mundo.

Pero manteniendo el argumento esotérico, mágico y misterioso de las cañadas del Teide, ¿es un lugar realmente especial? ¡Sin duda!

A lo largo de los años, este lugar ha sido escenario de muchos avistamientos de objetos voladores no identificados (FANI, como parece que debemos llamarlos ahora). Cierto es que en la actualidad no supone un imán de atracción para los ufólogos como sí ocurría en décadas pasadas.

Uno de los acontecimientos más destacados ocurrió el 24 de junio de 1989, cuando más de 10.000 personas se reunieron en las cañadas del Teide para presenciar un posible avistamiento de ovnis. El evento fue organizado por el programa de radio *Espacio en Blanco*, de Radio Nacional de España y, aunque no se observó ningún ovni, la experiencia dejó una fuerte impresión en los asistentes. Aún resuena en mis oídos la cuña publicitaria del acto que emitía RNE, y que decía: «Algo increíble está a punto de suceder en el valle de Ucanca, un lugar considerado mágico desde la época guanche».

En años más recientes ha habido otros avistamientos reportados en el Parque Nacional del Teide. Aún recuerdo lo que me contaba Eugenio Padrón, natural de la isla de El Hierro, que en 2017 estaba viviendo una temporada en el municipio tinerfeño de Icod de Los Vinos. Según sus propias palabras: «[...] Estaba en la azotea de casa de mi hija Carmen. A mí me gusta limpiar el palomar y echarles de comer, y a veces por la noche subo a mirar a ver si todo está bien y pasar un rato "a la fresca". Era agosto, sobre las diez y media o las once de la noche, y mirando para la cumbre vi como una pelota verde, pero verde flojo y brillante, estaba parada en medio del Teide, como a mitad de camino entre la base y el cráter. Estaría allí quieta unos 10 o 15 segundos, y de repente se estiró y se quedó como una raya azul que se fue para el cielo en línea recta [...]. ¡No estoy loco, ehhh! Aquello tenía que tener un tamaño, bueno, por lo menos como el de cuatro o cinco guaguas (autobuses) una delante de la otra».

Es importante recordar que, aunque estos avistamientos pueden ser fascinantes, no necesariamente son evidencia de visitas extraterrestres. La atmósfera misteriosa y los cielos despejados de las cañadas del Teide hacen que este lugar sea en particular propenso a tales reportes.

Cordillera de Anaga

En el extremo noreste de la isla de Tenerife, la cordillera de Anaga emerge con su imponente belleza natural y su aura de misterio. Este paraje, declarado reserva de la biosfera por la UNESCO, no solo destaca por su riqueza en biodiversidad, sino también por el halo mágico que envuelve sus paisajes ancestrales.

Anaga es un tesoro geológico formado hace entre 7 y 9 millones de años, sus escarpadas montañas y profundos barrancos crean un laberinto natural. Cubierto por laurisilva, un tipo de bosque subtropical, este entorno parece sacado de un cuento de hadas. La vegetación exuberante y la niebla que frecuentemente cubre las cumbres le añaden un toque de misterio y magia.

Anaga no solo es un lugar de impresionante belleza natural, sino que también está impregnado de historias y leyendas. Los antiguos guanches, los primeros habitantes de la isla, realizaban rituales en las montañas de Anaga para invocar lluvias y asegurar buenas cosechas. Estos rituales incluían ofrendas de alimentos y animales, y se llevaban a cabo en lugares considerados sagrados. Además, creían que en estas montañas vivían seres mágicos y entidades espirituales. Uno de los mitos más conocidos es el de las hadas de Anaga, espíritus protectores del bosque que cuidan de la naturaleza y de los viajeros que respetan su entorno.

Pero si hay un punto de interés esotérico, si se me permite el término, es el conocido como el Bailadero de las Brujas de Anaga. Según la tradición, en las noches de luna llena, las brujas se reunían en un claro del bosque para realizar sus aquelarres, aunque ese término no está enraizado en las islas Canarias. Estas ceremonias incluían danzas y conjuros para invocar lluvias y buenas cosechas. Se dice que el lugar estaba iluminado por fuegos fatuos, y las sombras de los cuerpos danzantes se movían alrededor de la hoguera. Pero ¿es acertado referirnos a este punto de Anaga como bailadero, o deberíamos decir «baladero»? Sobre este particular asunto hay algunas teorías:

Baladero o bauladero: esta palabra se relaciona con la práctica de balar, el sonido que hacen las ovejas y las cabras. En las islas Canarias, sobre todo en Tenerife, se usaba este término para referirse a lugares en los que se reunían las cabras para balar, en especial en las montañas y zonas rurales.

Bailadero: término que se refiere a los lugares en los que se llevaban a cabo bailes y ceremonias, en particular los aquelarres y otros rituales.

Ambos términos tienen connotaciones culturales e históricas importantes, pero se refieren a prácticas y contextos diferentes. ¿Utilizaron las denominadas como brujas un suelo previamente cargado de energía por los antepasados?

Otra singular historia, y que recoge Juanca Romero en su libro *Animales insólitos y mágicos de Canarias*, es la protagonizada por la «anguila peluda» o anguila gigante de Anaga. Pero ¿realmente alguien ha visto al monstruoso animal, o forma parte de la inventiva popular? Con total seguridad, la anguila peluda existió, al menos en el imaginario popular, que le atribuía una apariencia más propia de un ser mitológico que de una sencilla anguila común, que de estas últimas se conocen algunas historias y se tiene seguridad y pruebas de su existencia en Canarias. En la isla de Tenerife aún pueden verse en los barrancos de Igueste de San Andrés y Afur. Aunque en tiempos de nuestros abuelos también había en los barrancos de la Punta de Anaga, en los que desembocan en Taganana, Benijo, y apuntando a zonas mucho más pobladas en la actualidad, también en el barranco de Santos, que sirve de columna vertebral entre los municipios de La Laguna y Santa Cruz.

Cuentan los viejos de la zona que algunos remedios tienen como ingrediente principal la anguila. De este modo, señalan que, para curar el alcoholismo, meter uno de estos animalitos en una cuarta de vino durante dos o tres días logrará que la anguila se pudra y libere algunas sustancias que al ser ingeridas por el alcohólico harán que aborrezca para siempre la bebida. Al menos esto es lo que se recoge en la tradición oral de la isla de Tenerife, y se aplica en diferentes lugares de Anaga y La Laguna.

Pero no podemos dejar atrás el macizo de Anaga sin hacer referencia al fenómeno ovni. El lugar es conocido incluso en el ámbito internacional por la casuística que se ha reportado a lo largo de los años. Sirva como ejemplo el expediente con sello militar que describe que durante unas maniobras de combate con unos F-18 como protagonistas, pasadas las nueve de la mañana, y con el cielo totalmente despejado, uno de los militares observadores de tierra vio a través del zoom de la cámara, y en la vertical de la dorsal de Anaga, un objeto volador de aspecto metálico, forma ovoide y, por sus cálculos, de unos 30 metros de longitud. El movimiento era lento y mantenía rumbo de noroeste a sudoeste sin variar la altitud. El objeto volador no tenía ventanas ni otro tipo de detalle, aunque es justo precisar que la luz solar que reflejaba la superficie no facilitaba la visibilidad. Sin duda, un detalle interesante es que el ovni no dejó ningún tipo de eco en el radar. De repente, aquel «invasor» del espacio aéreo se detuvo en un par de ocasiones antes de perderse a altísima velocidad. Este caso fue incluso recogido en un breve artículo en el n.º 313 de la revista *Año Cero*.

También hay informes de pescadores de la zona que afirman haber visto extrañas luminarias salir del agua en las costas del norte de Anaga e integrarse en las rocas de la cordillera sin dejar sonido ni marca alguna. ¿Luces extrañas en la zona? Sin duda, no debemos ceñir exclusivamente al concepto ufológico el fenómeno de las anomalías lumínicas en Anaga, ya que no son pocos los relatos referidos a luces populares o luces de ánimas recogidos en zonas como Almáciga, Taganana o las Casas de la Cumbre.

Tindaya

Desde que era niño, la montaña de Tindaya, situada en la isla de Fuerteventura, ha despertado en mí una fascinación inexplicable. No se trata solo de su imponente silueta recortada contra el cielo azul, sino de la energía casi palpable que emana de cada piedra y rincón de este lugar.

Tindaya no es solo una montaña; es un monumento natural cargado de historia, misterio y magia. Para los antiguos majos, nombre que se daba a los habitantes aborígenes de la isla, Tindaya era un lugar sagrado. Aquí realizaban rituales y marcaban la roca con cientos de grabados podomorfos, símbolos de pie, que aún hoy podemos encontrar esparcidos por su superficie. Todos los pies están ubicados en una misma dirección, en realidad, nos están ofreciendo una orientación geográfica, y si colocamos nuestros pies sobre ellos, nos llevarían a otra de las montañas más sagradas de las islas, el Teide, del que ya hemos hablado antes.

Tindaya era un sitio de poder, allí se conectaban el mundo de los vivos y el de los espíritus. Los majos creían que las almas de sus ancestros habitaban en la montaña, y que mediante rituales y ofrendas podían comunicarse con ellos y recibir su protección y guía. Se decía que, en noches de luna llena, la montaña brillaba con una luz sobrenatural, y que en su cima los sacerdotes invocaban a los espíritus para obtener visiones y conocimientos.

Caminando por sus senderos, me imagino a estos antiguos pobladores realizando ceremonias al atardecer, invocando a los dioses y buscando protección. La conexión entre el hombre y la naturaleza en este lugar es innegable. Al alcanzar la cima, la vista panorámica de la isla es sobrecogedora, y uno no puede evitar sentir una profunda humildad y gratitud por estar en un sitio tan especial.

El proyecto del artista guipuzcoano Eduardo Chillida, que pretendía transformar la montaña en una gigantesca y horrorosa escultura habitable, generó controversia. Mientras algunos vieron en esta propuesta una forma de poner en valor y proteger Tindaya, otros temimos que pudiera dañar irremediablemente su esencia natural y espiritual. Por suerte, el debate ha mantenido a Tindaya bajo un enfoque de conservación y respeto por su integridad.

Son muchas las personas que afirman ver extrañas luminarias recorrer los areniscos y rocosos contornos de la sagrada montaña, abriendo dos líneas de interpretación. Por una parte, los testimonios que apuntan a las conocidas como luces populares, término acuñado por los conocidos divulgadores Javier Sierra y Jesús Callejo; y, por otra, los más que notorios avistamientos de ovnis.

Como me contó Juanca Romero, en su última visita se sentó en una roca a observar el atardecer, y tuvo ocasión de conocer y compartir durante algo más de una hora con don Miguel Batista. Este le relató que en una ocasión, cuando aún no eran las once de la mañana, estaba en la parte media del barranco de la Calabaza y vio que una «cosa redonda» de color negro y gris oscuro pasó por el lado derecho de la montaña y, de repente, «ya no estaba». Lo que sí recuerda es que parecía que aquello había parado el aire en la zona, como apagando el fuerte viento que, en no pocas ocasiones, recorre esos parajes.

Tindaya es más que una montaña; es un símbolo de lo que significa coexistir con respeto y reverencia hacia nuestro entorno. Su magia reside en su capacidad para inspirarnos a ver más allá de lo visible y a sentir una conexión más profunda con el mundo que nos rodea, aunque, a veces, también podamos conectar con mundos más lejanos.

Los gigantes del monte Prama, una puerta al pasado milenario de Cerdeña

En la vastedad de la historia antigua de Cerdeña, los gigantes del monte Prama se alzan como testimonios imponentes de una civilización enigmática y sofisticada. Estas colosales esculturas de piedra, descubiertas en la década de los años setenta cerca de Cabras, en la región de Oristán, en la isla italiana de Cerdeña, han despertado fascinación y debates entre arqueólogos, historiadores y amantes de la historia. Representan un símbolo tangible de la civilización nurágica, una de las culturas más misteriosas del Mediterráneo.

En este capítulo analizaremos el descubrimiento de estas figuras, su significado histórico, su contexto cultural en la civilización nurágica y el impacto de estos hallazgos en la comprensión de la prehistoria europea.

El hallazgo de los gigantes del monte Prama ocurrió en 1974, cuando un agricultor local descubrió fragmentos de piedra mientras araba su campo. Al profundizar en las excavaciones, los arqueólogos encontraron más de 5.000 fragmentos de esculturas, entre los cuales sobresalían torsos, cabezas, extremidades y elementos arquitectónicos. Tras un arduo proceso de restauración que duró décadas, se lograron ensamblar 38 figuras completas, de entre 2 y 2,5 metros de altura. Los gigantes representan figuras humanas estilizadas y monumentales, entre ellas guerreros, arqueros y luchadores. Lo que distingue a estas esculturas es su estilo artístico único, caracterizado por rostros geométricos, ojos redondos profundamente tallados y cuerpos robustos.

También se encontraron elementos como pequeños modelos de torres nurágicas y otras estructuras que vinculan a los gigantes con la cultura nurágica. Esta cultura floreció en Cerdeña desde el segundo milenio a. C. hasta la llegada de los romanos en el siglo II a. C. Su nombre proviene de los *nuraghes*, estructuras megalíticas en forma de torre que se encuentran dispersas por toda la isla y que servían tanto de fortificaciones como de centros ceremoniales y de reunión. Aunque debido a la ausencia de registros escritos se sabe poco de esta civilización, los vestigios arqueológicos sugieren que se trataba de una sociedad altamente estructurada, con habilidades avanzadas en arquitectura, metalurgia y navegación. Los gigantes del monte Prama parecen ser una extensión artística de esta complejidad social y espiritual, y sugieren que la cultura nurágica valoraba profundamente la representación simbólica de sus guerreros y sus rituales.

El significado de los gigantes sigue siendo objeto de debate. Algunos investigadores consideran que las esculturas tenían un propósito funerario, ya que fueron encontradas cerca de tumbas. Es posible que los gigantes representaran a héroes míticos, ancestros venerados o figuras divinas destinadas a proteger el lugar de entierro. Otros sugieren que las esculturas simbolizan el poder militar y espiritual de la comunidad nurágica y funcionan como marcadores visuales de identidad cultural y cohesión social. La presencia de modelos de torres nurágicas refuerza la idea de que los gigantes estaban profundamente conectados con la estructura social y religiosa de la época.

La creación de los gigantes del monte Prama evidencia un nivel técnico y artístico avanzado. Las esculturas fueron talladas en piedra caliza local con herramientas de bronce, y su diseño geométrico sugiere influencias tanto locales como externas. Algunos investigadores han señalado similitudes con el arte micénico y egipcio, lo que abre la posibilidad de contactos culturales entre la civilización nurágica y otras grandes culturas del Mediterráneo. Los ojos circulares, tallados con precisión, son una de las características más notables de los gigantes. Este detalle ha llevado a algunos a especular sobre su significado simbólico, quizá relacionado con creencias religiosas sobre la percepción o el alma.

El descubrimiento de los gigantes del monte Prama ha transformado nuestra comprensión de la prehistoria sarda. Estas esculturas constituyen uno de los ejemplos más antiguos de arte monumental en el Mediterráneo occidental, anterior incluso a las esculturas etruscas y romanas. Este hecho desafía las ideas tradicionales de que las culturas occidentales estaban atrasadas en comparación con las civilizaciones del Mediterráneo oriental. Además, los gigantes han reafirmado la importancia de Cerdeña como un puente cultural y comercial en la antigüedad. Su estilo único y su monumentalidad muestran que la civilización nurágica no solo fue una sociedad avanzada en términos arquitectónicos, sino también en términos artísticos y simbólicos.

Hoy en día, los gigantes del monte Prama se exhiben en museos de Cerdeña, incluidos el Museo Arqueológico Nacional de Cagliari y el Museo Cívico de Cabras, y atraen a miles de visitantes al año. Sin embargo, su preservación enfrenta desafíos debido a su fragilidad y a la necesidad de un manejo cuidadoso para proteger estas piezas únicas.

El interés renovado en los gigantes ha impulsado investigaciones arqueológicas en Cerdeña, lo que podría llevar a nuevos descubrimientos que amplíen nuestra comprensión de la cultura nurágica. Además, para los sardos las esculturas se han convertido en un símbolo de identidad que subraya la riqueza de su patrimonio cultural.

Sierra Espuña, lugar de luz, esperanza y vida

En nuestra península hay montes que te transmiten una sensación de paz y armonía que son difícilmente explicables, sierra Espuña es uno de ellos. Al pasear por sus senderos, una atmósfera cae sobre tu cabeza como una energía de conexión con otro plano. Además, el cementerio de nuestra señora del Carmen, que se encuentra a sus pies, lo convierte en un lugar mágico y de poder, puesto que las almas que allí cohabitan te rodean con un manto de gratitud cada vez que te acercas a sus entrañas. Para mí, escribir sobre Alhama de Murcia, donde se ubica sierra Espuña y el cementerio, es algo especial puesto que allí guardan reposo dos seres a los que tendré siempre en mi corazón. Me refiero a María del Carmen Marzal Company, que falleció de tuberculosis en el sanatorio, y a Vicente Marzal Company, mi amado suegro, fallecido escasos días antes de escribir estas líneas. Acudir hasta allí y nutrirse de la energía rebosante que desprende el lugar genera una sensación gratificante.

Vicente me contó muchas historias del lugar. Acudía habitualmente a depositar flores en la tumba de su hermana, donde ahora él reposa, y en uno de sus viajes en motocicleta desde Valencia, sobrevino una implacable tormenta. No tenía dónde cobijarse, únicamente debajo de una cornisa del cementerio, y un rayo estuvo a punto de matarlo. Estoy seguro de que el alma de su hermana protegió a Vicente de aquel fatídico accidente. Ahora descansan juntos, donde Vicente siempre quiso estar, junto a la única persona que lo cuidó siendo pequeño tras quedarse huérfano, y a la que siempre consideró una madre.

Sierra Espuña también ha sido objeto de leyendas y misterios que la convierten en un lugar para recorrer con calma, sin prisa, allí el tiempo se detiene en cada rincón. La espesa niebla que frecuentemente cubre el paisaje puede transformar los senderos en escenarios dignos de un cuento gótico. Además, los ecos y sonidos amplificados por la orografía han alimentado historias de voces y ruidos inquietantes. Por otro lado, la fauna nocturna, en especial animales como búhos y zorros, producen sonidos que en el silencio de la montaña pueden interpretarse como algo fuera de lo común.

Desde tiempos remotos ha sido un enclave importante. Los vestigios arqueológicos hallados en la región sugieren que ya en la prehistoria las comunidades humanas valoraban este lugar no solo por su riqueza natural, sino también por su carácter simbólico. Algunos teorizan que sus altiplanos y cuevas pudieron servir como lugares de culto, rituales o refugios espirituales.

Las creencias modernas sobre la energía especial de la sierra están vinculadas a estos antiguos usos, como si el lugar hubiera sido cargado de un magnetismo sagrado que perdura hasta hoy. Incluso algunos estudiosos de la geobiología han señalado la posible existencia de líneas de energía telúrica en la región, lo que añade peso a la teoría de que sierra Espuña es un «vórtice energético».

Sin embargo, además de otras leyendas y enclaves, uno de los lugares más inquietantes que encierra el monte es el sanatorio de tuberculosos. Fue inaugurado en la década de 1910 como un centro de tratamiento para enfermos de tuberculosis, una enfermedad infecciosa que en esa época causaba estragos en Europa. Situado en un entorno montañoso aislado, rodeado de aire puro y naturaleza, el lugar fue seleccionado bajo la creencia de que estas condiciones eran beneficiosas para los pacientes con esta dolencia pulmonar.

El edificio, de arquitectura sencilla, pero imponente, contaba con espacios para el alojamiento de enfermos, áreas de tratamiento y zonas de recreo al aire libre. Durante su funcionamiento, recibió a cientos de pacientes, algunos en busca de una cura, otros simplemente buscando alivio en sus últimos días. El sanatorio dejó de operar en la década de los años sesenta, cuando la incidencia de la tuberculosis disminuyó gracias a los avances médicos, como el descubrimiento de los antibióticos. Desde entonces, el edificio quedó abandonado, expuesto a la intemperie y al paso del tiempo.

No falta quien dice haber experimentado sensaciones extrañas, e incluso contemplar a la que llaman el espíritu del sanatorio, una enfermera que perdió la vida durante un brote violento de tuberculosis y que, según los rumores, sigue cuidando de las almas perdidas en el edificio. Varias personas aseguran haber visto una figura femenina en uniforme antiguo caminando por los pasillos en ruinas o escuchar pasos en los pisos superiores, incluso cuando están vacíos. Entre los lugareños también se habla de la dama de la montaña, una figura etérea vestida de blanco que aparece en los senderos más elevados de la sierra. Según cuentan, esta mujer advierte a los viajeros que están en peligro y desaparece en la bruma.

Sin embargo, no todo es tétrico y escabroso en sierra Espuña; de hecho, hay lugares en los que la energía y la magia se palpan en cada rincón. Como la cueva del búho, un lugar con propiedades espirituales, hay quienes aseguran que allí se sienten más conectados con el entorno o incluso con algo «más allá». También el morrón de Totana, la cima más alta de la sierra, considerada un punto de energía por los místicos. Desde aquí, la vista panorámica permite observar la grandiosidad del paisaje y reflexionar sobre su magnetismo natural. Hay que destacar, asimismo, las pozas de Malvariche, un lugar lleno de belleza natural y serenidad que algunos asocian con energías curativas debido a la pureza de sus aguas.

Pero lo que más atrae a los visitantes es, sin duda, la cueva de las brujas, en la que antaño se celebraban aquelarres y reuniones brujeriles. La ubicación exacta de la cueva de las brujas no está ampliamente divulgada, lo que aumenta su misterio y dificulta su exploración. Se dice que se encuentra en un punto remoto de la sierra, rodeada de densa vegetación y alejada de los senderos más transitados. Aquellos que la han visitado describen el acceso como complicado y desafiante, lo que añade un elemento de aventura a la experiencia. Se dice que la cueva fue escenario de reuniones secretas en las que se practicaban actos de brujería, como invocaciones y hechizos. Algunos aseguran que, en especial durante las noches de luna llena, la cueva emite una energía inquietante que podría estar relacionada con las actividades esotéricas llevadas a cabo allí o con la configuración geológica del lugar. Incluso exploradores experimentados han reportado sentir presencias invisibles, escuchar ruidos extraños como pasos o murmullos, y aun ver luces que parecen danzar en la oscuridad de la cueva. Una leyenda asegura que aquellos que entran sin respeto en la cueva pueden sufrir mala suerte o experimentar eventos desafortunados en los días posteriores. Y es que las montañas y las cuevas no forman parte de nosotros, sino que son ellas las que nos perviven, por eso no debemos entrar sin solicitar permiso a los cuatro elementos de la naturaleza, porque es esta la que nos acoge y cobija.

No puedo cerrar este capítulo sin hacer mención a Vicente, quien me hizo descubrir sierra Espuña. Te recuerdo vivo, alegre, paseando por Calpe, bañándote en cala Alga, fusionándote con las olas del mar, mirando el atardecer desde la playa que tanto amabas. Allí, en Calpe, mi hija se dio sus primeros baños, allí disfrutamos juntos de miles de anécdotas, allí descubrí cuán hermosa es la vida y la grandeza de tu persona, jamás faltamos a la cita y todos los años estuvimos junto a ti. Hoy descansas en sierra Espuña, donde tantas veces fuiste a rezar en silencio y acompañar en soledad a tu hermana, sin miradas de nadie, de forma anónima, pero siempre puntual. ¡Cuánto la quisiste y cuánto te quería! Estoy seguro de que allá donde estés, sigues cuidando y abrazando a todos los que te quisimos porque jamás se olvida a quien tanto luchó por la vida, con esperanza y lleno de luz. Feliz viaje, superviviente.

Monte de San Diego, enclave de misterios y brujas

Situado en las afueras de San Cristóbal de La Laguna, en Tenerife, el monte de San Diego alberga la histórica ermita y el antiguo Convento de San Diego del monte. Fundado en 1615 por Juan de Ayala Dávila y Zúñiga, quien legó su patrimonio para la construcción de un convento para los franciscanos descalzos, este enclave es testigo de siglos de historia y espiritualidad. La edificación del convento enfrentó numerosos desafíos, incluyendo disputas legales con la familia de Ayala y los monjes dominicos de Candelaria. Estas controversias retrasaron su finalización hasta 1672, cuando una bula papal resolvió a favor de los franciscanos. La ermita, cuya construcción inicial data de 1648 según una placa histórica, es testimonio de la perseverancia y la fe de sus fundadores.

Una tradición destacada asociada a este lugar es la «fuga de san Diego», que se remonta a 1919. Aquel año, el catedrático Diego Jiménez de Cisneros impidió a los estudiantes asistir a la romería de San Diego, incluso ponía exámenes para que acudieran a clase, pero poco caso hicieron puesto que no acudían en señal de protesta. Desde entonces, esta ausencia se repite anualmente, y se convirtió en una tradición estudiantil. Sin embargo, en su libro *San Diego del monte*, el escritor Carlos García considera que esta fuga no la creó Diego Jiménez de Cisneros, sino que más bien era una tradición arraigada en La Laguna y que ya en 1913 se llevaba a cabo. El autor considera que ese acto es algo espontáneo de La Laguna, porque la fiesta de San Diego era tan importante que los vecinos laguneros sabían que debían subir en romería acompañados con las pandorgas, las parrandas y los barcos con los niños. Por eso no acudían a clase, y por eso se mantiene la costumbre de que los estudiantes mantengan la fuga ese día. También se confeccionaban carteles en los institutos en los que se pintaba: «Día de San Diego fuga general, las buenas costumbres se han de respetar». El catedrático, por su parte, borraba las pintadas y ponía: «Día de San Diego, cero general, las malas costumbres se han de terminar».

Además, otra tradición dice que contar los botones de la estatua de Juan de Ayala, fundador del convento, es un augurio de éxito académico. Nadie conoce el número de botones que tiene en los zapatos, en la casaca, etcétera. Se trata más bien de una superstición estudiantil. Se dice que el número de botones cambia misteriosamente dependiendo de quién los cuente, lo que ha generado el mito de que solo aquellos con «buen ojo» y suerte podrán hacerlo bien y obtener buen porvenir en los estudios.

El monte no solo es un lugar de relevancia histórica y religiosa, sino también un espacio natural que invita al esparcimiento. Rutas como la que conecta el Parque Pedro González, la Mesa Mota y la Ermita de San Diego del monte ofrecen a los visitantes la oportunidad de disfrutar de paisajes emblemáticos de la región, y combinar naturaleza y cultura en un recorrido de aproximadamente 9 kilómetros.

En reconocimiento a su valor patrimonial, el 22 de mayo de 2015 la ermita y el antiguo convento fueron declarados bienes de interés cultural con categoría de monumento. Este estatus resalta la importancia de preservar y valorar este enclave, que ha sido testigo de acontecimientos significativos y tradiciones que perduran en la memoria colectiva de La Laguna. El monte de San Diego y su ermita son reflejo de la rica herencia cultural y espiritual de Tenerife. Este lugar invita a la reflexión sobre la historia, las tradiciones y la conexión entre el patrimonio natural y cultural de la isla, y ofrece una experiencia enriquecedora a quienes lo visitan.

Sin embargo, el convento tiene también sus connotaciones misteriosas, y es que ha sido escenario de rumores de apariciones fantasmales. Se dice que por las noches, algunas personas han visto sombras o escuchado rezos y murmullos provenientes de las ruinas del convento. Según algunas versiones, se trataría del espíritu de un fraile que murió en el lugar y nunca abandonó su refugio sagrado.

También se cuenta que vecinos y visitantes han reportado extraños sonidos en el monte, en especial en las noches de invierno. Algunos describen campanas lejanas, cánticos religiosos o incluso susurros en medio de la bruma que a menudo cubre la zona. Si bien los científicos explican estos fenómenos como ecos del viento o ruidos naturales, muchos prefieren creer que son señales de almas en pena que aún habitan el monte.

Como podemos observar, el convento y el propio monte están plagados de leyendas e historias que los convierten en un lugar mágico. También he podido averiguar que se dice que bajo el convento existen pasadizos secretos que lo conectan con otras partes de La Laguna. Los utilizaban los frailes para huir en caso de peligro, e incluso se menciona una cueva oculta en la que los monjes habrían guardado reliquias valiosas y hasta cuerpos de antiguos religiosos. Aunque nunca se ha encontrado una entrada clara, algunos aseguran que ciertos pozos y túneles en la zona podrían haber sido parte de ese misterioso sistema subterráneo.

El propio fundador tiene su punto oscuro. Antes de su muerte, Juan de Ayala, el noble que donó sus tierras para la construcción del convento, lanzó una advertencia: cualquiera que intentara profanar su legado sufriría desgracias. Curiosamente, el convento sufrió incendios y abandono en diferentes épocas, lo que llevó a algunos a creer que la maldición sigue vigente.

En conclusión, el monte de San Diego sigue siendo un espacio de encuentro entre la naturaleza y el pasado, allí los visitantes pueden reflexionar sobre su legado histórico y cultural. Quizá nunca se descubran las verdades ocultas detrás de sus misterios, pero precisamente en esa incertidumbre reside su magia y su atractivo imperecedero.

El monte Parnaso, leyendas y misterios sagrados

Situado en la Grecia central, el monte Parnaso es mucho más que una elevación montañosa; es un símbolo cargado de misticismo, leyendas y un profundo significado cultural y espiritual. Con más de 2.400 metros de altura, desde tiempos inmemoriales esta majestuosa montaña ha sido un lugar sagrado en la mitología griega, hogar de los dioses, las musas y los misterios de la inspiración divina.

El Parnaso fue consagrado a Apolo, dios de la luz, la música, la poesía y la profecía, y a las nueve musas, hijas de Zeus y Mnemosine, que simbolizaban las artes y las ciencias. Según la mitología, el monte era el lugar en que las musas inspiraban a los poetas, los artistas y los filósofos que buscaban trascender lo humano a través de su arte. Esta relación con la inspiración artística convirtió el Parnaso en un símbolo eterno de creatividad y conocimiento.

En las laderas del monte se encuentra la cueva de Coricio, un sitio natural y místico dedicado tanto a Apolo como a Pan, dios de los pastores y los bosques. Este lugar fue usado como santuario y refugio para la práctica de ritos religiosos y se cree que en esta cueva los antiguos griegos realizaban ceremonias de purificación y conexión con lo divino.

Quizá el vínculo más famoso del monte Parnaso con la mitología griega es su proximidad al santuario de Delfos, en sus laderas inferiores. Delfos era considerado el centro del mundo, el *omphalos* (ombligo del mundo), y albergaba el famoso oráculo de Apolo. Las sacerdotisas, conocidas como pitias, ofrecían profecías en un estado de trance inducido por vapores subterráneos. Estas visiones eran interpretadas como mensajes de Apolo, y tanto reyes como ciudadanos comunes acudían al lugar en busca de guía divina.

Respecto al monte se cuentan muchas leyendas, como estar relacionado con el mito griego del diluvio universal. Según la leyenda, Zeus decidió purificar la tierra de la humanidad corrupta enviando un diluvio que cubrió el mundo entero. Deucalión, el equivalente griego de Noé, y su esposa Pirra se salvaron construyendo un arca, que cuando las aguas retrocedieron encalló en las laderas del monte Parnaso. Desde allí repoblaron la tierra siguiendo las instrucciones de los dioses. Se decía que quienes ascendían al monte Parnaso y bebían de sus fuentes, como la fuente Castalia en Delfos, eran bendecidos con inspiración divina. Los poetas, los músicos y los artistas que lo lograban quedaban marcados para siempre por un entendimiento superior y una habilidad creativa excepcional.

Otra leyenda que ha llegado hasta la actualidad es la del dragón Pitón. Antes de que Apolo reclamara el monte como suyo, el lugar estaba habitado por un dragón llamado Pitón, un ser monstruoso que protegía a la diosa Gea. Según el mito, Apolo mató al dragón y construyó su santuario en Delfos en el lugar en que Pitón había caído. Este acto simbolizó la victoria del orden y la luz sobre el caos y la oscuridad.

El Parnaso no solo era un lugar de mitos, sino también un centro espiritual donde se celebraban ceremonias religiosas y misterios que exploraban las profundidades de la mente y el alma. Así, por ejemplo, con el fin de poder participar en los diferentes rituales, era habitual llevar a cabo abluciones a todos los visitantes al santuario de Delfos y al monte. Esto incluía baños en la fuente Castalia, que ya hemos nombrado anteriormente, y la práctica de sacrificios simbólicos. Los ritos se llevaban a cabo para garantizar la conexión con lo divino y preparar el alma para recibir mensajes de los dioses. Como podemos observar, de nuevo el agua actúa como elemento purificador y está dotada de un poder sacralizador.

Como ya hemos indicado, las musas estaban presentes y en su honor se celebraban festivales y ceremonias que incluían cantos, poesía y danzas. Estos actos buscaban no solo el entretenimiento, sino también la elevación espiritual de los participantes al permitirles acercarse a las cualidades divinas de las musas. En el monte también se realizaban ritos dedicados a Pan, el dios de los pastores, y a Apolo. Mientras Apolo representaba la luz, la armonía y la razón, Pan simbolizaba la naturaleza indómita y los instintos primarios. Las ceremonias buscaban equilibrar estas dos fuerzas complementarias.

El monte Parnaso sigue siendo un lugar envuelto en un aura de misterio. Algunos exploradores y espiritualistas modernos creen que el monte tiene una energía especial, lo que lo convierte en un lugar ideal para la meditación y la introspección. Otros aseguran haber experimentado en la montaña fenómenos inexplicables, como sonidos extraños y visiones, lo que refuerza su reputación como un portal hacia lo divino.

Desde su papel como hogar de las musas y escenario de los mitos de Apolo hasta su influencia en la literatura y su misterio moderno, el Parnaso sigue fascinando a quienes buscan un entendimiento más profundo de la creatividad, la naturaleza y el alma humana. En sus alturas, la mitología y la realidad se entrelazan, recordándonos que la búsqueda de lo sublime es una constante en la experiencia humana.

El monte Teleno, morada de Júpiter

Si bien hoy esta montaña ya no tiene las connotaciones de sagrada que antaño la caracterizaban, hay que recalcar la importancia que tuvo en la antigüedad, en concreto en el período romano, cuando era considerada el lugar en que descansaba y habitaba el dios Marte. Ubicada en las inmediaciones de Astorga (León), hoy en día sigue siendo un sitio mágico. Con sus 2.188 metros de altitud, es una de las cumbres más destacadas de la cordillera Cantábrica, y desde tiempos remotos los pueblos indígenas de la región la han considerado un lugar sagrado.

El monte Teleno fue un sitio de especial relevancia para los astures, uno de los pueblos prerromanos que habitaban el noroeste de la península ibérica. Para ellos, el Teleno no era solo una formación geográfica, sino también una manifestación de lo divino. Los astures veían en la naturaleza una expresión directa de lo sagrado, y montañas como el Teleno eran percibidas como moradas de los dioses o como puntos de conexión entre el mundo humano y el mundo espiritual.

El Teleno se asociaba con la deidad homónima, un dios vinculado al agua, las tormentas y la guerra. En muchas culturas indoeuropeas, los dioses de la montaña solían tener características relacionadas con los elementos naturales, y el Teleno no era una excepción. Se cree que buscando su favor en la batalla, y su protección frente a los elementos y las buenas cosechas, los astures realizaban rituales y ofrendas en su honor.

Los romanos se dirigían a ella como Mars Teleno. El primero está claro, se refiere al dios Marte, pero Teleno alude a una divinidad indígena que se supone habitaba en esta montaña. Es curioso porque muchos historiadores y arqueólogos que se han dedicado al estudio de las culturas y las mentalidades indígenas prerromanas mencionan unos templos conocidos como Nemeton, una especie de lugares o templos al aire libre, como áreas consideradas sagradas, y que podían ser un arroyo, una fuente, un árbol o una montaña, y el monte Teleno era una especie de Nemeton. A lo largo de la historia no se ha perdido esa característica enigmática, sino que se le han ido añadiendo más elementos que la hacen más misteriosa si cabe, como la presencia de determinadas bestias y animales fabulosos. Sin embargo, en la conexión con divinidades indígenas, como Alongos (Ourense) o el Jupiter Candamius, relacionado con el dios Júpiter, pero vinculado a una montaña, no podemos limitarnos a esta montaña únicamente. También cerca de Lurizán (Pontevedra) se ha encontrado una representación artística de un dios indígena denominado Bestius Aloneicus, y su descripción es la de un hombre barbudo, con cuernos y los brazos extendidos con enormes manos. Todos estos dioses indígenas han sido asociados a montañas, y esto las dota de un poder sacralizador.

La pradera de Cornualles, el Menantol

Las montañas son piedras, y en su conjunto ellas les confieren un poder mágico que las convierten en zonas con una conjunción energética de dimensiones sobrenaturales. Por eso creo que en este caso es necesario mencionar toda una hilera de monolitos que se extienden varios kilómetros en una perfecta alineación, columnas majestuosas, círculos de piedras con una simbología desconocida. En este capítulo viajaremos a la isla de Gran Bretaña, concretamente a Cornualles, donde en la campiña inglesa, y rodeada de hierba, se encuentra una piedra muy característica a 120 kilómetros de la ciudad de Plymouth. Me refiero a lo que en la antigua lengua inglesa se conocía como el Menantol, cuyo nombre significa «piedra con agujero» en córnico, que es un monumento megalítico situado cerca del pueblo de Madron. Está compuesto por tres piedras dispuestas en un claro de la pradera, una piedra central, como una gran losa circular de granito con un agujero en el medio, que, probablemente, sea la característica más distintiva del lugar, y dos piedras verticales que flanquean la piedra perforada, alineadas de manera que parecen formar un acceso simbólico o un marco ritual. Su construcción se remonta a la Edad del Bronce (alrededor de 2000-1500 a. C.), y el propósito original del Menantol sigue siendo un misterio.

Muchos arqueólogos consideran que es posible que alrededor del Menantol hubiera más piedras formando un enorme círculo concéntrico y que el Mentantol fuera el punto central donde se canalizaba la energía. Lamentablemente, en la actualidad, no queda rastro de las piedras circundantes. Pero ¿cuál era el motivo de que el Menantol estuviera ahí? El folclore popular anglosajón nos dice que se trataba de una piedra curativa y que pasar por el agujero central podía curar enfermedades, en especial las relacionadas con los huesos y la infertilidad. En el caso de las primeras, en su mayoría eran niños que padecían raquitismo; en el caso de la fertilidad, se dice que, durante siglos, las mujeres que buscaban concebir acudían a la piedra central para realizar un ritual específico: al amanecer o al anochecer, cuando la luz del sol atravesaba suavemente el círculo de granito, pasaban desnudas a través del agujero. Se creía que este acto conectaba a la mujer con las fuerzas de la naturaleza y los antiguos espíritus de la tierra y les infundía energía vital para concebir.

Algunos relatos antiguos sugieren que estas ceremonias no eran realizadas en solitario, sino dirigidas por una figura sabia o chamánica de la comunidad, tal vez un druida, que ofrecía palabras sagradas o bendiciones para potenciar el ritual.

En algunos casos, las personas tenían que cruzar el agujero un número específico de veces, a menudo en una dirección determinada. También se decía que la piedra tenía propiedades mágicas y que podía otorgar protección contra hechizos y maldiciones. Algunos incluso creían que atravesarla podía rejuvenecer el alma o traer buena suerte. Una historia popular cuenta que el Menantol está custodiado por un espíritu o una entidad sobrenatural que protege su poder. Según los relatos, este guardián solo se muestra a aquellos con intenciones puras. Otra de las virtudes del Menantol era la adivinación, y para ello se colocaban una serie de clavos en la parte superior de la piedra, y en el momento en que caían, según la forma que adoptaban, se podía adivinar o vaticinar el futuro.

También se ha dicho del Menantol que podría haber funcionado como una puerta de entrada a otros mundos, como un portal a otros reinos. En la tradición celta, las piedras con agujeros eran consideradas puntos de conexión entre el mundo humano y el de los espíritus o los dioses. Recordemos, por ejemplo, las tan conocidas piedras de bruja, por cuyo agujero se dice que se pueden ver seres elementales.

No me cabe duda de que es un lugar mágico en el que la simbología de las piedras tiene una enorme importancia. ¿Cómo aquellas civilizaciones que no tenían amplios conocimientos en matemática crearon una circunferencia casi perfecta en una piedra y la colocaron en un lugar concreto? Esta reflexión nos lleva a la siguiente hipótesis acerca del Menantol, ¿pudo haber sido un observatorio astronómico? Algunos sugieren que las piedras podrían estar alineadas con fenómenos celestes, como los solsticios, lo que habría permitido a las comunidades antiguas medir el tiempo o celebrar eventos estacionales. Esta idea no es descabellada puesto que la encontramos en otros lugares del planeta.

En cualquier caso, en la actualidad, el Menantol es un lugar de conexión con la naturaleza, de meditación, de búsqueda espiritual, y en el que druidas y neopaganos siguen celebrando rituales junto a la piedra sagrada.

Monte Turbón, reunión de brujas

El monte se eleva 2.492 metros sobre la tierra, y es considerado la montaña mágica de los Pirineos, donde la brujería, la sacralidad y el misterio se conjugan perfectamente para ofrecer un punto de encuentro entre las fuerzas sobrenaturales y la energía telúrica.

El origen del nombre Turbón ha generado diversas interpretaciones. Algunos investigadores sugieren que podría derivar del latín *turbare*, que significa «agitar» o «perturbar», en referencia a los fuertes vientos y tormentas que suelen azotar la región. Otros vinculan su etimología con antiguas lenguas prerromanas, posiblemente relacionadas con el idioma íbero o celta, y aludiría a su condición de montaña sagrada o habitada por fuerzas sobrenaturales.

Uno de los aspectos más fascinantes del monte Turbón es su asociación con las reuniones de brujas. En la tradición oral de los valles circundantes, se cuenta que en ciertas noches, en especial en el solsticio de verano y en la víspera de Todos los Santos, grupos de brujas se congregaban en sus laderas para celebrar aquelarres. Estas reuniones místicas incluían danzas, conjuros y rituales en los que se invocaban fuerzas de la naturaleza y entidades desconocidas, incluido el diablo, de quien se dice que habita en algún lugar cercano al monte. Y como nuestro refranero español es muy sabio, asegura que: «En el Turbón tienden las brujas sus ropas al sol» o «Si hay niebla o boira en el Turbón, habrá tormenta en todo Aragón».

Son varios los lugares en los que se celebraban los aquelarres, entre ellos la conocida como fuente de la Pedreña, donde las brujas daban tres golpes con ramas de boj para después elevarse por los aires y causar tormentas, no sin antes untarse el cuerpo, como afirma Juan G. Atienza en su obra *Montes y simas sagrados de España*. También existe el *forat d'as bruixas*, donde se solían resguardar y cobijar de los curiosos que pretendían contemplar los bailes hechizantes de aquellas mujeres. En la actualidad, como afirma Juan G. Atienza, se sigue llamando casa de la bruja, y pudo ser un antiguo dolmen destruido. Incluso un anacoreta llamado Pedro levantó con sus propias manos una ermita para que Nuestra Señora pudiera luchar desde ella contra las maldiciones lanzadas por las hechiceras del entorno.

Por supuesto, no hay ningún documento histórico que acredite lo que se cuenta sobre la presencia brujeril en el monte, solo la tradición oral, que con el paso de los años tiende a perder credibilidad. Lo cierto es que donde había presencia de brujas, se solía construir un monasterio, una ermita o una iglesia para espantar al diablo que, según cuenta la leyenda negra, las poseía para celebrar sus orgías, aquelarres y fiestas paganas. Este es el motivo que hace sagrado al monte, y es que en la cima se conservan restos románicos correspondientes a diferentes iglesias y ermitas.

> A pesar del tiempo que lo consume todo, se conservan algunas memorias de iglesias consagradas por Gaufrido. En el día 21 de noviembre del año 1138 consagró la iglesia del Arcángel San Miguel del lugar de Cornudella en Ribagorza. En el año 1140 consagró la iglesia de San Adrián en la cumbre del monte Turbón cerca de Roda, cuyos vestigios permanecen en el día. Dice que la edificó un presbítero llamado Pedro para retirarse y vivir en ella, y que hasta entonces ninguno de los mortales había podido habitar en aquel sitio en tiempo de invierno por su intemperie, nieves, y yelos (P. fray Ramón de Huesca, *Teatro histórico de las iglesias del Reyno de Aragón*, tomo IX, «De las iglesias catedrales y diócesis de Roda y Barbastro», Zaragoza, 1807, p. 195).

Las historias locales relatan que los habitantes de los pueblos cercanos podían ver luces extrañas en la cumbre del monte o escuchar cánticos provenientes de sus faldas. Se decía que quienes participaban en estas reuniones poseían conocimientos ancestrales sobre hierbas medicinales, curaciones y prácticas esotéricas, conocimientos que se transmitían en secreto de generación en generación. Sin embargo, reforzando el carácter legendario del monte, durante la época de la Inquisición estas historias también sirvieron para justificar la persecución de mujeres acusadas de brujería.

Una de las leyendas más sorprendentes relacionadas con el monte Turbón es la que sugiere que el arca de Noé encalló en su cima tras el diluvio universal. Aunque menos conocida que la versión tradicional que ubica al arca en el monte Ararat, esta idea ha sido transmitida en algunos relatos populares locales. Se dice que esta creencia podría haber surgido de la forma imponente del monte y de su carácter misterioso, lo que lo haría un candidato simbólico para un evento de semejante magnitud.

Otra de las leyendas que rodean al monte Turbón es la existencia de un dragón que habita en sus entrañas. Se cuenta que, en tiempos antiguos, los habitantes de los valles cercanos temían a una criatura colosal que emergía de las cavernas del monte para sembrar el terror entre los pobladores. Descrito como un ser alado, de mirada llameante y escamas brillantes, este dragón era visto como un guardián de los secretos ocultos del Turbón y protegía tesoros mágicos y conocimientos prohibidos. Según la tradición, solo los valientes que lograban ascender hasta la cumbre sin temor podrían encontrar la verdad sobre esta criatura. Algunos relatan que el dragón desapareció con el tiempo, mientras que otros creen que sigue oculto en alguna cueva profunda esperando el momento de volver a mostrarse.

El Pindo, conexión con lo celta

Conocido como el «olimpo celta de Galicia» es una montaña sagrada situada en la provincia de A Coruña, entre los municipios de Cee, Dumbría, Carnota, Mazaricos y las Rías de Corcubión, Muros y Noia. Con una altitud de 627 metros, este macizo granítico se alza imponente junto a la costa de Carnota y ofrece unas vistas espectaculares del Atlántico y un entorno natural de gran belleza.

Desde tiempos ancestrales, el monte Pindo ha estado rodeado de mitos y leyendas que lo vinculan estrechamente con la cultura celta. Se cree que fue un centro de culto y rituales para los antiguos habitantes de la región, los galaicos, quienes practicaban ritos en honor a sus divinidades en este lugar místico. Se han encontrado petroglifos y restos arqueológicos que sugieren la presencia de asentamientos prehistóricos y una actividad ritual continuada.

La tradición popular habla de druidas que realizaban ceremonias en sus cumbres y atribuye al monte poderes mágicos y curativos. Según algunas leyendas, en sus grutas y rincones ocultos se escondían tesoros protegidos por espíritus ancestrales. Además, se dice que, en tiempos remotos, el monte Pindo era un refugio para guerreros y una fortaleza natural que ofrecía protección ante invasores.

En el ámbito de la mitología celta, el monte Pindo se asocia con deidades relacionadas con la naturaleza, la guerra y la fertilidad. Algunos estudiosos lo comparan con otros lugares sagrados de la Europa celta, como las colinas de Tara, en Irlanda, que servían como centros espirituales y de conexión con el mundo divino.

También es un monte plagado de leyendas que destacan la sacralidad de sus piedras; de hecho, una de las más conocidas es la de las piedras encantadas con forma humana, que se muestran erguidas frente al visitante. Se dice que estas formaciones rocosas dispersas por la montaña son, en realidad, antiguos guerreros petrificados por un poderoso hechizo. Según la tradición oral, estos guerreros lucharon en tiempos remotos para defender su pueblo, pero al ser traicionados fueron convertidos en piedra por los dioses como castigo o protección. Otra versión del mito afirma que estas piedras tienen propiedades mágicas y que ciertas noches del año se pueden escuchar entre ellas susurros misteriosos, como si sus almas aún estuvieran atrapadas en la roca. Se cuenta incluso que existe una piedra en concreto, denominada la del druida, que si te plantas frente a ella y le preguntas sobre algún tema, la respuesta aparecerá en tu mente como una inspiración divina. También se cuenta que el agua de lluvia almacenada en las cazuelas o cavidades graníticas era utilizada por los antiguos druidas como agua purificadora, con propiedades mágicas y curativas. Durante la época cristiana, se la consideraba agua bendita y contribuía a eliminar el mal de ojo y todo tipo de maldiciones. Así que al subir a la cima no está de más mojarse la cara con agua de al menos siete de estas cavidades, puesto que el poder será mayor.

El patriarca de las letras gallegas, Ramón Otero Pedrayo, escribió: «El seno determinado por el Fisterra y la punta de Nuestra

Señora de los Remedios puede denominarse golfo o bahía de Fisterra, o quizá mejor del Pindo, por la grave y bella testa de este monte simbólico que desde el centro de la curva y en imponente caída sobre la costa, preside y centra sus horizontes. Se lo ha llamado uno de los Olimpos Célticos y forma uno de los parajes de mayor emoción de Galicia». Considero que las palabras de Ramón Otero son lo que mejor define al monte y a la emoción que provoca en cualquier persona que lo contemple. Esperemos que sepamos mantener y cuidar este mágico legado que tenemos ante nosotros, y que nuestro querido planeta nos regala, para que siga emocionando, consagrando y vitalizando a generaciones futuras.

Monte Olimpo, hogar de los dioses

El monte Olimpo, el pico más alto de Grecia, ha sido desde la antigüedad un símbolo de poder, divinidad y misterio. Se eleva a más de 2.900 metros sobre el nivel del mar, y esta majestuosa montaña no solo es un hito geográfico, sino también la sede mítica de los dioses del panteón griego. Su imponente silueta y la densa niebla que a menudo la envuelve han inspirado durante siglos innumerables mitos, leyendas y especulaciones sobre sus secretos ocultos.

Ubicado en el norte de Grecia, en la frontera entre Tesalia y Macedonia, el monte Olimpo forma parte de un parque nacional protegido debido a su biodiversidad y relevancia histórica. Su complejo montañoso consta de múltiples picos, el más alto es el Mitikas, con 2.917 metros de altura. Su entorno es variado, con densos bosques de hayas y abetos en las zonas más bajas, mientras que en las alturas predominan rocas escarpadas y un clima extremo. La variabilidad del paisaje ha hecho que la montaña sea venerada y temida desde tiempos antiguos.

Los antiguos griegos creían que las nubes que a menudo envuelven su cima eran una barrera divina que separaba el mundo de los dioses del de los mortales. La inaccesibilidad del pico y las formaciones rocosas naturales han contribuido a su misticismo al fomentar la idea de que solo los elegidos podían entrar en la morada celestial.

Según la mitología griega, el monte Olimpo era el hogar de los dioses principales del panteón, conocidos como los dioses olímpicos. Entre ellos se encontraban:

* **Zeus:** supremo gobernante del cielo y el trueno, líder del panteón olímpico. Controlaba las tormentas y el orden divino.
* **Hera:** esposa de Zeus y diosa del matrimonio y la familia. Celosa y protectora de las uniones sagradas.
* **Poseidón:** dios de los mares y los terremotos. Su tridente era capaz de agitar las aguas y provocar tempestades.
* **Atenea:** diosa de la sabiduría, la estrategia y la guerra justa. Nació completamente armada de la cabeza de Zeus.
* **Apolo:** dios del sol, la música, la poesía y la medicina. Se le asociaba con la armonía y el conocimiento.
* **Artemisa:** diosa de la caza, la luna y la naturaleza salvaje. Protectora de los animales y las doncellas.
* **Ares:** dios de la guerra en su forma más violenta. Adorado por los espartanos y temido por los demás griegos.
* **Afrodita:** diosa del amor y la belleza. Su encanto seducía tanto a dioses como a mortales.
* **Hermes:** mensajero de los dioses, protector de los viajeros y conductor de las almas al inframundo.
* **Hefesto:** dios del fuego y la forja. Fabricante de las armas y las armaduras de los dioses.
* **Deméter:** diosa de la agricultura y la fertilidad. Su tristeza por la pérdida de su hija Perséfone explicaba las estaciones.

* **Dionisio:** dios del vino, el éxtasis y el teatro. Representaba el desenfreno y la transformación.

Sin embargo, el Olimpo no era un lugar de armonía absoluta. Los dioses, con sus pasiones y defectos, protagonizaban intensas rivalidades y alianzas. Algunas de las más famosas incluyen:

* **Zeus y Hera:** su matrimonio estuvo marcado por las constantes infidelidades de Zeus y los celos vengativos de Hera.
* **Atenea y Ares:** representaban visiones opuestas de la guerra. Atenea la concebía como una estrategia inteligente, mientras que Ares la veía como violencia desenfrenada.
* **Apolo y Hermes:** pese a que eran hermanos, Hermes engañó a Apolo al robarle sus vacas recién nacido, lo que casi provoca un conflicto divino.
* **Hefesto y Afrodita:** casados por mandato de Zeus, su unión fue infeliz, pues Afrodita amaba a Ares y traicionaba constantemente a Hefesto.

Los relatos sugieren que el Olimpo era un lugar de esplendor inigualable, en el que los dioses residían en palacios dorados construidos por Hefesto. En la cumbre, los dioses celebraban banquetes, discutían el destino de los mortales y orquestaban los eventos del mundo humano. Aunque celestial, el Olimpo también reflejaba las pasiones y los conflictos de sus habitantes, quienes a menudo descendían al mundo terrenal para influir en los asuntos de los hombres.

Los textos antiguos describen el monte Olimpo no solo como una montaña, sino como una vasta ciudad celestial con múltiples palacios y salas. En la cima se encontraba el palacio de Zeus, el más grandioso de todos, desde donde el dios supremo gobernaba el cosmos y tomaba decisiones sobre el destino de dioses y humanos. Este palacio estaba rodeado de una corte de otros dioses y semidioses, cada uno con su propia residencia en el Olimpo.

Se dice que existían amplios jardines y salas de banquetes en los que los dioses se reunían para festejar, beber néctar y comer ambrosía, el alimento divino que les otorgaba inmortalidad. También se mencionan estancias ocultas donde los dioses podían conspirar en secreto o retirarse cuando deseaban aislarse del resto del panteón.

Desde la antigüedad hasta la actualidad, el monte Olimpo ha sido un símbolo de lo divino e inalcanzable. En la Grecia clásica, en sus laderas se realizaban sacrificios y rituales a los dioses olímpicos, en especial en el santuario de Dión, una ciudad sagrada situada al pie de la montaña. Este lugar era un importante centro religioso en el que se realizaban ceremonias en honor a Zeus y a otros dioses.

Con el tiempo, el Olimpo pasó de ser un centro de adoración a convertirse en un ícono cultural que aparece en la literatura, el arte y la filosofía. Filósofos como Platón y Aristóteles hicieron referencias al monte Olimpo como el lugar en que residían los dioses que regían el destino del mundo.

El Moncayo y su pueblo excomulgado

El Moncayo se alza solitario, imponente, entre las tierras de Aragón y Castilla, como un guardián de piedra y viento. Su cima, tantas veces cubierta de nieve, es una presencia que nunca pasa desapercibida en el horizonte. Desde tiempos antiguos, los hombres han mirado hacia él con respeto, con temor y con devoción. Porque el

Moncayo no es solo una montaña: es una voz, un eco de la historia, un misterio que se desliza entre sus bosques y sus laderas. Con sus 2.315 metros de altura, junto a su monte señero el San Miguel, nos encontramos ante una montaña sobrenatural en la que confluyen creencias, mitos y recuerdos. Uno de los aspectos más destacados para identificar la sacralidad de un lugar es su toponimia, cuál es el origen de su nombre y los motivos por los que desde tiempos remotos se ha denominado así. En el caso del monte Moncayo existen diversas hipótesis. Algunos estudiosos sugieren que puede proceder de *Mons Catius*, presuntamente derivado de Cayo Graco, otros consideran que deriva de *Mons Caumus* por sus cumbres nevadas. En cualquier caso, nos encontramos ante una montaña sagrada, no solo por la presencia de virtudes curativas en el agua de sus manantiales, sino incluso por la representación en los capiteles del monasterio de Veruela de numerosas plantas medicinales autóctonas que, con total seguridad, utilizaban los monjes para preparar numerosos remedios caseros.

Los celtíberos lo veneraban como un monte sagrado, un lugar en el que los dioses hablaban en el susurro del viento. Para los romanos fue el monte de las nieves eternas, el que dominaba la meseta y la separaba de las tierras del Ebro. Con el tiempo, su aura de sacralidad no desapareció, sino que se transformó en leyenda, en relatos que explicaban su grandeza y su poder.

En el Moncayo habitan sombras antiguas, historias que se entretejen con el paisaje. Cuentan que en sus cumbres mora el espíritu del gigante Caco, aquel ser mitológico que desafió a Hércules y pagó con su vida su osadía. Caco era un gigante temible, un ladrón astuto que vivía en una cueva del Moncayo. Se decía que robaba el ganado de los pastores, lo escondía en su guarida y engañaba a sus perseguidores arrastrando los animales de cola para que las huellas parecieran ir en dirección contraria. Pero su mayor fechoría fue robar parte del ganado de Hércules. El héroe, al darse cuenta del engaño, se dirigió a la cueva de Caco y, tras una feroz lucha, lo derrotó. Algunas versiones cuentan que lo asfixió con sus propias manos, mientras otras aseguran que lo aplastó con una enorme roca. Se dice que aún hoy, en los días de tormenta, el viento que ruge por el Moncayo es el aliento del gigante derrotado.

El Moncayo también es tierra de seres mágicos y encantamientos. En sus cuevas duermen moras encantadas, princesas que aguardan el instante en que un alma pura pronuncie las palabras exactas para liberarlas. Y en las noches de luna llena, algunos afirman haber visto a la tía Casca, la bruja que castiga a los viajeros imprudentes que osan perturbar la calma del monte.

Sin embargo, y como afirma el profesor García Atienza, lo sagrado atrae a lo sagrado, y es que en la mayoría de las montañas que estamos recorriendo a lo largo de estas páginas siempre encontramos la construcción de algún monasterio o ermita. En el caso del Moncayo debemos remontarnos al siglo XII, cuando los monjes de la orden del Cister se establecieron en el monte, en concreto en el monasterio de Veruela. Según cuenta la leyenda, a don Pedro de Atarés, fundador del convento, lo sorprendió mientras paseaba por el monte una terrible tormenta, buscó refugió debajo de un enorme roble y se encomendó a la Virgen, y hete aquí que entre los huecos del árbol apareció la figura de Nuestra Señora del Moncayo, que lo libró del aguacero. En el mismo lugar en que apareció la Virgen se construyó y consagró el monasterio. Lo curioso es que hoy en día la simbología que llenó el monasterio sigue presente, y se desconoce por qué se representó allí, aunque seguramente fue para dotar de sacralidad el lugar. Entre esta iconografía podemos contemplar un elenco del bestiario fantástico, como basiliscos y monos, señales de las aguas sacras, hojas de piedra de la botánica autóctona y oculta y rostros triples de misteriosos personajes. Todo fue un entramado que todavía hoy pervive de mensajes ocultos de los monjes.

Y si famosa es la serrana de la Vera, no lo son menos las que habitaron el Moncayo y que algún poeta recogió en sus obras, como el mismísimo Marqués de Santillana, que dice que eran hembras sabias, capaces de hechizar a los hombres, custodias de los ganados de Hércules y que pretendían hacer prisionero a quien osara pasear por sus tierras.

Pero si por algo es mágico, sagrado y misterioso el Moncayo, es por la presencia de brujas y hechiceras. El propio Gustavo Adolfo Bécquer lo reflejó durante su estancia y retiro en el monasterio de Veruela mientras escribía *Cartas desde mi celda*. En tres de sus cartas, las numeradas como VI, VII y VIII, aborda el mundo satánico de las brujas de Trasmoz, único pueblo excomulgado y que aún hoy lo sigue siendo. Bécquer describe a la tía Tasca. Entre los poderes de la bruja destacamos que era capaz de volar, hablaba latín y lenguas desconocidas, podía emponzoñar la hierba, envenenar las aguas del río para matar a las reses que bebieran e impedir que los mulos tuviesen apetito. Además, disfrutaba echando el mal de ojo a los niños y se divertía sacándolos de la cuna para azotarlos.

Veamos cómo la describió Gustavo Adolfo Bécquer:

> Con sus greñas blancuzcas, sus formas extravagantes, su cuerpo encorvado y sus brazos disformes, que se destacaban angulosos y oscuros sobre el fondo de fuego del horizonte [...] en acosar y perseguir a los infelices pastores que se arriesgan por esa parte de monte, ya haciendo ruido entre las matas, como si fuese un lobo, ya dando lastimeros como de criatura, o acurrucándose en las quiebras de las rocas que están en el fondo del precipicio, desde donde llama con su mano amarilla y seca a los que van por el borde, les clava la mirada de sus ojos de búho y cuando el vértigo comienza a desvanecer su cabeza da un gran salto, se les agarra a los pies y pugna hasta despeñarlos en la sima.

La tía Casca murió, pero la tradición brujeril mantuvo viva la familia, una muchacha ya se lo advirtió a Gustavo Adolfo Bécquer:

> ¡Toma, toma! Mataron a una; pero como que son una familia entera y verdadera, que desde hace un siglo o dos vienen heredando el unto de unas en otras, se acabó con una tía Casca, pero que su hermana, y cuando se acaben con esta, que acabarán también, le sucederá su hija, que aún es moza, y ya dicen que tiene sus puntos de hechicera.

La leyenda de la tía seguirá viva, sin duda, pero realmente sería una curandera que pretendía ayudar a los demás, con conocimientos de botánica, y en un arrebato popular fue acusada de bruja.

Bécquer también nos habla de las Galgas, dos brujas, madre e hija, o de la tía Catalina, a quienes acudían los lugareños para recibir curas y remedios. Por eso recalco que estas mujeres se servían de las propiedades de las hierbas que el Moncayo les brindaba para preparar ungüentos y ensalmos para curar enfermedades. Sea como fuere, el Moncayo las dotó de la sacralidad que solo el monte tiene y que, en la actualidad, sigue ofreciendo a todo aquel que se acerque hasta allí.

El Torrater, vigía de Ontinyent

Cuentan los ancianos de Ontinyent, en voz baja y mirada perdida hacia el norte, que no todo en la montaña el Torrater es piedra y viento. Bajo sus riscos, donde el sol se demora en alcanzar el suelo y las nieblas parecen dormir entre los pinos, se ocultan secretos que no figuran en los mapas ni en las guías de senderismo.

El Torrater no es la montaña más alta de la comarca, pero sí la más enigmática. Se alza al norte del término, entre caminos poco transitados y barrancos en los que el eco responde con una voz que no siempre parece la propia. Hay algo en su perfil —una curva leve, como si estuviera encorvada por el peso del tiempo— que hace que muchos desvíen la mirada, como si temieran interrumpir el sueño de un viejo dios dormido.

Según la leyenda más conocida, en lo más alto del Torrater habita el espíritu de una bruja mora, exiliada por su propio pueblo. Se dice que su nombre era Zayda, y que huyó con un grimorio tejido con hilos de viento y raíces de enebro. En la cumbre, entre zarzas y musgo, construyó un refugio de piedra seca y silencio. Allí aprendió a hablar con los lobos y a predecir la lluvia leyendo las grietas del aljez.

Los pastores de antaño evitaban pasar por la ladera norte al anochecer, pues aseguraban ver luces bailando entre los arbustos, no linternas, sino pequeñas llamas azuladas, como si las estrellas se hubieran refugiado en la tierra. Una vez, un niño se perdió en la zona y fue encontrado al día siguiente, dormido y sonriente, con una flor imposible entre las manos: blanca como la luna, con pétalos que brillaban al alba. «Zayda lo protegió —decían las abuelas—. Ella cuida de los que respetan la montaña.»

Pero no todos los encuentros fueron pacíficos. También se habla de una cueva oculta, accesible solo cuando el cielo está cubierto y el viento sopla del este. Los que han osado entrar afirman haber oído voces antiguas que les hablaban en sueños, en lenguas ya olvidadas. Algunos salieron con el pelo encanecido. Otros, simplemente, no salieron.

Pero si uno sigue un sendero más olvidado —una senda que serpentea junto a un pino seco, marcado con tres cortes verticales como garras—, puede encontrar los restos de la Roca Partida, una enorme piedra hendida en dos como si hubiera sido quebrada por una espada divina. Allí nace la segunda leyenda del Torrater: la del Gegant de Pedra (el Gigante de Piedra)

Según la tradición oral, mucho antes de que llegaran los íberos o los romanos, en estos montes habitaban seres de una raza olvidada, más antiguos que los árboles y más sabios que los druidas. Uno de ellos, un gigante de ojos de ámbar, habitaba en lo más alto de la sierra. Cuidaba del bosque, enseñaba a las aves a cantar y abría manantiales con su bastón.

Pero un día, el gigante se enamoró de una estrella. Cada noche la contemplaba desde la cima y deseaba alcanzarla. La montaña creció bajo sus pies, dicen que empujada por su anhelo. Sin embargo, los dioses del cielo, celosos de su osadía, enviaron un rayo que partió la roca en que dormía, sellando dentro su espíritu para siempre.

Desde entonces, en las noches de tormenta, cuando relampaguea sobre Ontinyent y la lluvia golpea con furia los riscos, algunos aseguran oír un gemido profundo, como de piedra viva que desea despertar. A veces, si el viento viene del sur, parece traer una voz grave que dice: «Estrella..., *encara t'espero*» (Estrella..., aún te espero). Nadie se atreve a dormir junto a la Roca Partida. Y ningún pájaro canta allí.

Hoy, el Torrater sigue en pie, callado, mirando al pueblo desde su altura modesta, pero majestuosa. Su silueta se recorta cada atardecer como un vigía antiguo, y quienes conocen sus secretos saben que la montaña no olvida. Cada piedra, cada senda, cada encina retorcida guarda una historia, y muchas de ellas no se cuentan con palabras.

Solo el que sube en silencio y escucha con el alma puede entender lo que el Torrater murmura entre sus sombras.

Canto al Torrater

Poema de la montaña encantada

En la cima donde el viento calla,
donde el musgo reza y el halcón no vuela,
duerme el Torrater, con alma de piedra
y sueños bordados en niebla.
Dicen que Zayda, la bruja exiliada,
teje con luna su capa encantada;
sus ojos de almendra, su voz de tomillo,
aún susurra al olivo y al grillo.
Luce la noche su corona oscura,
la montaña escucha, paciente y pura,
y cuando las ramas crujen al paso,
es que Zayda danza entre el rastro.
Más allá, en la roca partida,
late el pecho de un gigante sin vida.
Amó a una estrella que nunca cayó,
y en su silencio la eternidad selló.
«Estrella..., *encara t'espero*», murmura el rumor,

cuando truena el cielo y retumba el dolor.
Su canto resuena en la hendidura ancestral,
eco de un alma que no quiere olvidar.
Torrater, tú que guardas el mito y la flor,
la cueva sin fondo, el viejo temblor,
cuéntale al mundo lo que el hombre olvidó:
que aún vive la magia donde el tiempo paró.

Y así lo recuerdo cuando paseaba por sus sendas, sus caminos, cruzaba sus umbrales. Por allí he andado con mis padres, con amigos, con mi primo Juan y mi hermano, y muchas veces también en soledad.

A sus pies, el cementerio silencioso del pueblo. Como un guardián solemne que lo protege. Y así permanece el Torrater, no como una simple elevación de roca y polvo, sino como un guardián ancestral de todo lo que el hombre moderno ya no mira: el susurro del mundo invisible, la vibración de lo sagrado en lo natural, la frontera tenue entre el mito y la memoria.

Sus sendas no solo se caminan, se escuchan. Sus sombras no solo oscurecen, protegen. Y en cada hoja, en cada piedra, en cada árbol duerme un fragmento de lo eterno, lo efímero, esperando al viajero que no teme preguntar. Porque hay montañas que se escalan, que se alcanzan, en las que se llega a la cima eterna que las corona, pero el Torrater no es eso, es mucho más. A esta montaña se la honra.

Monserrat, montaña sagrada

Mucho se ha escrito sobre Montserrat, libros completos le han dedicado sus páginas a la que podemos considerar la más sagrada de nuestras montañas, por lo tanto, mi aportación aquí es simplemente plasmar unos retazos de lo más relevante de este majestuoso monte.

De hecho, Montserrat no es una montaña común. Sus formas únicas, moldeadas por la erosión durante millones de años, le otorgan una apariencia casi sobrenatural. Se cree que ya desde la época precristiana, la montaña fue venerada por pueblos íberos y romanos, que posiblemente la consideraban un lugar sagrado por su carácter imponente y su aislamiento natural. La sacralización de Montserrat tomó forma definitiva con la fundación del monasterio benedictino de Santa María de Montserrat en el siglo XI. Este monasterio alberga a la virgen de Montserrat, conocida como La Moreneta por el tono oscuro de su piel, y pronto se convirtió en uno de los centros de peregrinación más importantes de la península ibérica.

Una de las leyendas más arraigadas sobre Montserrat es la del hallazgo milagroso de la imagen de la Virgen. Según la tradición, unos pastores vieron una luz brillante y oyeron cantos celestiales que los guiaron a una cueva en la que encontraron la imagen mariana. Intentaron trasladarla a otro lugar, pero se volvió tan pesada que entendieron que debía permanecer allí. Este suceso motivó la construcción del santuario. Así lo recoge Juan G. Atienza:

> Nos la cuenta por primera vez un cronista montserratino, el padre Pedro de Burgos, en el libro *Historia y milagros, hechos e invocaciones de Nuestra Señora de Montserrat*, publicado en 1550. Es él quien nos da la noticia de siete muchachos pastores de Monistrol que, estando guardando ganado en la montaña santa, vieron bajar luces del cielo hacia una de las cuevas que se abren en las cumbres, mientras se escuchaban cánticos litúrgicos en su interior. Habiendo contado su aventura, vinieron otras gentes del pueblo y, durante cuatro sábados, contemplaron el mismo prodigio. Al domingo siguiente entraron en la cárcava y descubrieron la imagen. Pero cuando quisieron bajarla en andas a la parroquia del pueblo, se volvió tan pesada que ni las fuerzas unidas de todos los bueyes de la localidad lograron moverla. Entonces comprendieron que era voluntad de Nuestra Señora quedarse allí, por lo que se acordó erigirle una ermita y rendirle culto donde la encontraron.

También Miguel Gómez de Aracil en su libro *Montserrat, montaña mágica* (Editorial Arbor, 1987):

> Hace muchos siglos en una bucólica tarde de pastores y rebaños de esquilas y caramillos, una vivísima luz brilló en los montes, embelesando el ánimo y la vista de los pastorcillos que corrieron para participar a su párroco tan delicioso como inexplicable fenómeno. Con-

gregada toda la gente en sus alrededores para ver la misteriosa luz, pudieron observar que todos los sábados se repetía la misteriosa luminiscencia mientras que angélicas melodías bajaban de las alturas.

La virgen de Montserrat, patrona de Cataluña, representa un símbolo de identidad nacional y espiritual. A lo largo de los siglos, reyes, nobles, artistas y peregrinos de toda condición han acudido al monasterio buscando consuelo, sanación y guía. El aura mística de Montserrat ha generado una amplia gama de leyendas que entrelazan lo religioso, lo esotérico y lo mítico.

Una de las leyendas más conocidas —y más sugerentes— es la que afirma que el santo Grial, la copa usada por Jesús en la última cena, fue escondido en Montserrat por los templarios o por guardianes de sabiduría antigua. Esta creencia se ha reforzado por la similitud entre Montserrat y el mítico Montsalvat, el castillo sagrado que aparece en la leyenda artúrica y en la ópera *Parsifal*, de Richard Wagner. Se dice que Montserrat, con su inaccesible orografía y sus cuevas ocultas, habría sido un lugar ideal para esconder un objeto tan sagrado. Incluso algunos aseguran que existen túneles secretos bajo el monasterio, custodiados por monjes conocedores del secreto.

Y esto nos hace enlazar con otro hecho insólito de Montserrat, las inscripciones de monjes en cuevas ocultas entre la montaña, ya que dichas marcas son uno de los elementos más enigmáticos y menos divulgados de la historia oculta de esta montaña sagrada. Aunque no todas han sido reconocidas oficialmente, diversos investigadores independientes, exploradores y testigos aseguran que existen marcas, símbolos y frases tallados en la roca que podrían haber sido hechos por monjes benedictinos —o incluso por iniciados de órdenes más antiguas— durante siglos de exploración y retiro espiritual. Hay testimonios que mencionan marcas en forma de flechas, estrellas o letras entrelazadas que indicarían rutas secretas o sitios especiales para la meditación, como si los monjes hubieran establecido una especie de mapa espiritual o simbólico en la montaña. Algunas cuevas en Montserrat, como la del Salnitre, la cueva de San Ignacio, o cuevas más inaccesibles, conservan restos de lo que parecen ser altares primitivos, nichos o estructuras de piedra que sirvieron como ermitas. En ciertos puntos, los visitantes han reportado símbolos grabados directamente en la roca del altar, lo que sugiere su uso ritual.

Otra leyenda más contemporánea, surgida en el siglo XX y que aún hoy tiene seguidores, es la de las luces misteriosas de Montserrat. Se habla de apariciones de luces en el cielo que no tienen explicación lógica: orbes que flotan, destellos repentinos o movimientos imposibles. A raíz de estos avistamientos, muchas personas han asociado la montaña con actividad extraterrestre o con portales energéticos.

Cada día 11 de mes, decenas de personas suben a Montserrat para ver las luces, convocados por el ufólogo catalán Luis José Grifol, quien asegura que Montserrat era un lugar de contacto con inteligencias superiores.

Sea como fuere, Montserrat sigue siendo un referente mágico, un lugar de culto en el que sigue presente un aura sobrenatural para todo aquel que se adentre en sus recovecos.

4

ÁFRICA

El monte Moisés, monte Sinaí o monte Horeb

Al ser considerado un lugar sagrado para las tradiciones abrahámicas: el judaísmo, el cristianismo y el islam, el monte Moisés, conocido también como monte Sinaí o monte Horeb, es una de las montañas más célebres de la historia y la religión. Según la tradición bíblica, este monte fue el escenario de la entrega de los diez mandamientos a Moisés, convirtiéndose así en un símbolo de la alianza entre Dios y el pueblo de Israel. Su importancia trasciende la geografía y la arqueología, ya que está impregnado de significados espirituales, históricos y culturales que lo han mantenido como un centro de devoción y debate durante siglos.

Está ubicado en la península del Sinaí, una región situada entre el noreste de Egipto y el suroeste de Asia, que conecta África con Oriente Próximo. Si bien su localización exacta ha sido objeto de controversia, la tradición cristiana lo asocia con el monte conocido como Jebel Musa (en árabe, «monte de Moisés»), que se eleva a unos 2.285 metros sobre el nivel del mar. Todo a su alrededor es vacío, no hay absolutamente nada, lo que nos encontramos es un completo desierto árido y montañoso, con paisajes que evocan una sensación de austeridad y espiritualidad. En la base del monte se encuentra el monasterio ortodoxo de Santa Catalina, fundado en el siglo VI por el emperador bizantino Justiniano. En la actualidad, aún sigue activo y, además de custodiar valiosos manuscritos y artefactos religiosos es un importante centro de peregrinación. En este lugar existía antiguamente una iglesia, mandada construir por Elena, la madre del emperador Constantino, y que fue levantada en honor a la Virgen María. Sin embargo, durante la Edad Media se descubrieron allí los restos de santa Catalina, y por eso recibió el nombre actual. Según se cuenta, el monasterio está ubicado en el lugar en que se supone que estaba la zarza ardiente en la que Yahvé se le apareció a Moisés. El monasterio sirvió de refugio a muchos sacerdotes, a monjes y a peregrinos; de hecho, el mismo Justiniano, e incluso Napoleón, le dotaron de protección especial.

Todo ello ha contribuido a que el monasterio no haya sido atacado, destruido ni expoliado. Hoy en día lo habita un gran número de monjes.

El monte Sinaí aparece principalmente en los textos del Libro del Éxodo, en el que es descrito como el lugar en que Dios se revela a Moisés en medio de truenos, relámpagos y una nube espesa. No obstante, también es mencionado como monte Horeb en otros libros del Pentateuco, como el Levítico, los Números y el Deuteronomio. Para algunos estudiosos estos nombres pueden referirse a diferentes lugares, aunque otros sostienen que son sinónimos y designan la misma montaña.

En el relato del Éxodo, el monte Sinaí simboliza la presencia divina y el establecimiento de un pacto entre Dios y el pueblo de Israel. Allí Moisés permaneció 40 días y 40 noches, y recibió las tablas de piedra en las que Dios redactó, con su propio dedo, los diez mandamientos (Éxodo 31:18). Este acontecimiento marca un punto culminante en la narrativa del Éxodo y tiene profundas implicaciones teológicas: representa la entrega de la ley, que define los principios éticos y espirituales de la comunidad israelita. Asimismo, no debemos olvidar que en el monte Sinaí está presente el Arca de la Alianza, que según la tradición bíblica es un cofre sagrado construido por Moisés bajo las instrucciones directas de Dios, descritas con detalle en el libro del Éxodo (Éxodo 25:10-22). Según este pasaje, el Arca debía contener las tablas de los diez mandamientos entregadas en el Sinaí y, según algunas tradiciones, una muestra del maná y la vara de Aarón que floreció (Hebreos 9:4).

El arca no solo funcionaba como una caja para guardar estos elementos sagrados, sino que se consideraba el trono de Dios en la tierra, específicamente sobre el propiciatorio (la cubierta del arca), flanqueado por dos querubines. Desde allí, Dios se comunicaba con Moisés y con el pueblo (Éxodo 25:22).

En cualquier caso, el monte ha tenido una relevancia capital para las tres religiones abrahámicas. Para el judaísmo es el lugar en que se establece la Torá como el corazón de la fe y la práctica judía, allí Dios revela su voluntad directamente al pueblo elegido, y consolida la idea de una alianza sagrada. Las descripciones de este acontecimiento enfatizan la majestuosidad y el temor reverencial a la presencia divina.

Para el cristianismo, la montaña se convierte en el escenario de la entrega de la ley mosaica, que sirve como precursor y preparación para la nueva alianza en Jesucristo. Los padres de la Iglesia y los monjes del desierto vieron en este lugar un símbolo del encuentro entre el hombre y Dios. Además, el monasterio de Santa Catalina desempeñó un papel crucial en la preservación de la tradición cristiana primitiva, incluyendo textos como el Códice Sinaítico, uno de los manuscritos bíblicos más antiguos.

Para el islam, el monte Sinaí, conocido como Tur Sina o Tur Musa, también tiene un lugar destacado. El Corán lo menciona como el sitio en que Dios se manifestó y Moisés recibió la revelación. Para los musulmanes, Moisés (Musa) es uno de los grandes profetas y el monte Sinaí simboliza la comunicación directa entre Dios y sus profetas.

A pesar de su relevancia religiosa, la identificación exacta del monte Sinaí sigue siendo motivo de debate entre historiadores, arqueólogos y teólogos. Aunque la tradición cristiana lo sitúa en Jebel Musa, algunos investigadores han propuesto otras ubicaciones, tanto dentro como fuera de la península del Sinaí. Si bien por la Iglesia y las diferentes comunidades locales, Jebel Musa es la que mayor arraigo ha tenido, lo cierto es que Har Karkom, ubicado en el Negev, y Jebel al-Lawz, en Arabia Saudita, han ganado adeptos como lugares en los que estaría ubicado el monte Sagrado.

Cada una de estas teorías ofrece argumentos basados en textos antiguos, hallazgos arqueológicos y consideraciones geográficas, pero ninguna ha sido aceptada universalmente. Más allá de la ubicación física, el monte Sinaí trasciende los límites del tiempo y el espacio como un símbolo del encuentro entre lo humano y lo divino. Representa el lugar en que Dios no solo comunicó su voluntad, sino que estableció una relación con la humanidad, que trascendió el plano terrenal para evocar y conectar con la espiritualidad y lo sagrado. Por eso es considerado un centro de conexión divina, un lugar de elevación, un *axis mundi*.

Hay que tener en cuenta que factores como la altitud y el aislamiento otorgan a algunas montañas una proximidad a lo trascendente. En el libro sagrado, el monte Sinaí no únicamente es un lugar geográfico sin más, sino un escenario de teofanía, un espacio en el que Dios se presentó a la humanidad. Allí el Creador se manifestó de manera directa e importante, poderosa, autoritaria, diría yo, y se refleja en la presencia de truenos, fuego, humo y terremotos. Tal como muestra la Biblia, están representados como signos y símbolos de poder absoluto, pero también de trascendencia.

Ascender el monte Sinaí es una transformación, una instrucción divina de cohabitación, de celebración de un pacto eterno con Dios, de veneración ancestral, de intersección entre dos mundos, como el guía espiritual de nuestro transitar mundano. De hecho, el pueblo de Israel llega al monte como un grupo de esclavos liberados y lo abandona como una nación con un propósito y una misión divina. Este cambio refleja la capacidad de los lugares sagrados para actuar como catalizadores de renovación espiritual y comunitaria. Pero voy más allá, porque quien asciende al monte cambia, baja con una visión distinta de lo terrenal, empoderado y fuerte. Así le ocurre a Moisés, que desde el momento en que sube para recibir la ley se transforma en el líder espiritual del pueblo, con una conexión directa con Dios. Incluso físicamente, después de su encuentro con lo divino en el Sinaí, el rostro de Moisés irradia luz, lo que simboliza la fuerza espiritual adquirida en este lugar de poder.

Sin embargo, lo que hace más sagrado al monte Sinaí no es solo la conexión entre Dios y los hombres, entre el cielo y la tierra, sino que lo subterráneo tiene una relevancia significativa. Pocas veces se habla de ello, pero desde el punto de vista simbólico, encontramos lo subterráneo en la profundidad del alma humana, que debe purificarse y elevarse, puesto que sin esa limpieza jamás se podrá recibir lo divino. La ascensión al monte, ya sea física o espiritual, es vista como un acto de devoción y búsqueda de sentido. El esfuerzo de escalar el

Sinaí refleja la lucha interna que acompaña a la purificación y el encuentro con lo sagrado. Al final, se trata de una unión cósmica que nos hace trascender, meditar, reflexionar y, sobre todo, entender el propósito de vida de cada uno de nosotros.

Gebel Barkal, nacimiento del dios Amón

Gebel Barkal, una montaña situada en el norte de Sudán, cerca de la antigua ciudad de Napata, es uno de los sitios arqueológicos más importantes en la historia de la civilización egipcia y la cultura nubia. En árabe significa «montaña pura o sagrada», y los antiguos egipcios también la denominaban «montaña sagrada». Alcanza 98 metros de altura, y en uno de sus lados tiene un pináculo que recuerda al ureo egipcio, la famosa cobra erguida que protege a los faraones. La cobra representa a la diosa Uadyet, la diosa serpiente, que simbolizaba el calor ardiente del Sol. Su relación con Egipto comenzó en el período del Nuevo Reino (alrededor del 1500 a. C.), cuando los faraones egipcios extendieron su dominio a Nubia, una región al sur de Egipto rica en oro, marfil y otros recursos valiosos. A lo largo de los siglos, Gebel Barkal se convirtió en un centro religioso y político fundamental, primero para los egipcios y más tarde para los kushitas, que gobernaron Egipto durante la dinastía XXV.

Para los antiguos egipcios, Gebel Barkal no era solo una montaña, sino un símbolo sagrado vinculado al dios Amón, una de las deidades más importantes del panteón egipcio. En la base de la montaña, los egipcios construyeron un gran templo dedicado a Amón-Ra, en el que se realizaban ceremonias religiosas, ofrendas y rituales para reforzar la conexión entre los faraones y la divinidad. Este templo, cuyos restos pueden verse hoy en día, fue un reflejo del templo de Karnak, en Egipto, lo que demuestra la estrecha relación cultural y religiosa entre ambas civilizaciones.

Gebel Barkal no solo era importante para los egipcios, sino también para los nubios, que tras la retirada egipcia adoptaron la figura de Amón como su dios supremo y continuaron con su culto. Los reyes kushitas de Napata se consideraban a sí mismos los elegidos de Amón, lo que les daba legitimidad para gobernar tanto Nubia como Egipto. Durante el reinado de Tutmosis III (1479-1425 a. C.), los egipcios emprendieron una serie de campañas militares para conquistar Nubia y asegurar el control de sus riquezas. Una vez consolidado su dominio, establecieron en Napata, cerca de Gebel Barkal, un importante centro administrativo y religioso.

Este control egipcio no solo tenía fines económicos, sino también religiosos. Con la intención de consolidar la influencia egipcia, se promovió la construcción de templos y la difusión del culto a Amón en la región. La presencia de sacerdotes egipcios y la adopción de la escritura jeroglífica por parte de los nubios son ejemplos claros de esta influencia cultural. Con el tiempo, sin embargo, el poder egipcio comenzó a debilitarse y Nubia recuperó su independencia. En lugar de rechazar la cultura egipcia, los nubios la adoptaron y adaptaron, y transformaron Napata y Gebel Barkal en el corazón de un nuevo reino poderoso.

Uno de los momentos más fascinantes de la historia de Gebel Barkal ocurrió en el siglo VIII a. C., cuando los reyes kushitas de Nubia no solo consolidaron su poder en la región, sino que invadieron Egipto y gobernaron como faraones.

El primer gran líder de esta expansión fue Piye, quien desde su capital en Napata emprendió una campaña para restaurar el orden en un Egipto dividido por gobernantes rivales. En su famosa estela de la victoria, Piye describe cómo viajó a Gebel Barkal antes de iniciar su conquista, oró a Amón y recibió su bendición para convertirse en faraón de Egipto.

Este fue el inicio de la dinastía XXV, conocida como la de los «faraones negros», que gobernaron Egipto durante casi un siglo. En ese tiempo, Gebel Barkal fue considerado un lugar sagrado y centro de poder desde el que los reyes nubios gobernaban como sucesores legítimos de los antiguos faraones egipcios.

Uno de los logros más importantes de esta dinastía fue la revitalización de la cultura egipcia. Los faraones kushitas restauraron templos en todo Egipto, promovieron el culto a Amón y fortalecieron la arquitectura monumental inspirándose en la grandeza del Nuevo Reino.

Gebel Barkal no solo es importante por su historia, sino también por los impresionantes templos y restos arqueológicos que se encuentran en la zona. Entre los principales hallazgos destacan:

- ◊ Templo de Amón-Ra: construido inicialmente por los egipcios durante el Nuevo Reino y ampliado por los reyes kushitas. Sus inscripciones y relieves muestran la devoción de los faraones hacia Amón.
- ◊ Templo de Mut: dedicado a la diosa Mut, consorte de Amón, y símbolo del poder femenino en la religión egipcia.
- ◊ Pirámides de Napata: aunque más pequeñas que las de Egipto, estas pirámides fueron construidas por los gobernantes kushitas y muestran la continuidad de la tradición funeraria egipcia en Nubia.

Estos templos y estructuras reflejan la profunda influencia egipcia en Nubia y cómo los kushitas no solo adoptaron, sino que también transformaron la cultura egipcia en su propio estilo.

En la actualidad, Gebel Barkal es un sitio arqueológico protegido, y forma parte del patrimonio de la humanidad de la UNESCO. Su importancia histórica sigue siendo reconocida como un punto clave en la relación entre Egipto y Nubia. Este lugar sagrado demuestra que la influencia egipcia trascendió sus propias fronteras y que los kushitas supieron utilizar esa herencia para crear su propio imperio. La historia de Gebel Barkal es un testimonio de la conexión entre dos grandes civilizaciones que compartieron religión, cultura y poder a lo largo de los siglos.

La historia de Gebel Barkal y la dinastía XXV nos recuerda que las civilizaciones no solo se conquistan con ejércitos, sino también con ideas, creencias y símbolos sagrados. Su legado sigue vivo en los templos, las inscripciones y las pirámides que aún hoy nos cuentan la historia de un pasado en el que Egipto y Nubia estuvieron unidos por la fe en Amón y la ambición de la gloria eterna.

El-Qurn, sagrada para los egipcios

También conocida como «el Cuerno», El-Qurn es la montaña más alta de la región de Tebas (Egipto). Su imponente silueta piramidal domina el paisaje del valle de los Reyes, una de las necrópolis más famosas de la civilización egipcia. A lo largo de la historia, El-Qurn ha sido vista no solo como un elemento geográfico significativo, sino también como un sitio de profundo valor espiritual y simbólico.

Para los antiguos egipcios, la montaña tenía una gran relevancia religiosa, ya que su forma natural evocaba la estructura de las pirámides, utilizadas como tumbas para los faraones. Esta conexión con la arquitectura sagrada y la creencia en la vida después de la muerte consolidó su importancia en el imaginario egipcio. En este apartado analizaremos la historia, el significado religioso y la influencia de El-Qurn en la espiritualidad egipcia.

El monte se encuentra en la orilla occidental del Nilo, en la actual región de Luxor. Su altitud alcanza aproximadamente los 420 metros sobre el nivel del mar, y destaca como el punto más alto de la cordillera tebana. Su proximidad al valle de los Reyes y al valle de las Reinas no es una coincidencia: la elección de estos lugares para la construcción de tumbas reales se debió en gran parte a la presencia de El-Qurn.

La montaña presenta una forma cónica que recuerda a la pirámide, el diseño arquitectónico más emblemático del antiguo Egipto. Este parecido natural reforzó la idea de que El-Qurn era un punto de conexión entre el mundo terrenal y el espiritual, un concepto central en la religión egipcia.

La espiritualidad egipcia se basaba en la creencia en la vida después de la muerte y en la existencia de un más allá en el que los difuntos podían alcanzar la inmortalidad. En este contexto, las montañas y las estructuras elevadas eran vistas como portales hacia el reino divino. El-Qurn estaba asociada con la diosa Meretseger, cuyo nombre significa «la que ama el silencio», protectora de las necrópolis de Tebas y, en particular, del valle de los Reyes, se creía que habitaba en la montaña y que protegía a los constructores de tumbas y a los sacerdotes encargados de los rituales funerarios. La veneración de esta diosa demuestra la importancia espiritual que se le otorgaba a El-Qurn, no solo como un hito geográfico, sino también como un símbolo de protección y juicio divino.

Además, los egipcios veían en la montaña un reflejo del orden cósmico. Su forma piramidal evocaba el Benben, la colina primordial que según la mitología egipcia emergió del caos acuático en el origen del universo. Así pues, El-Qurn no solo representaba un vínculo con la muerte y la resurrección, sino también con la creación misma.

El-Qurn jugó un papel crucial en la selección del valle de los Reyes como el sitio para las tumbas de los faraones del Imperio Nuevo. La forma natural de la montaña, similar a una pirámide, sirvió como una representación simbólica del eterno descanso de los monarcas. En lugar de construir pirámides monumentales como en épocas anteriores, los gobernantes del Imperio Nuevo optaron por excavar sus tumbas en las laderas de las montañas, confiando en que la presencia de El-Qurn protegiera sus almas en la eternidad.

La montaña también facilitó la vigilancia y defensa del valle de los Reyes. Su altitud permitía una vista panorámica de la región, lo que ayudaba a prevenir saqueos y profanaciones de las tumbas. Aunque con el tiempo muchas fueron saqueadas, la elección de este sitio y su relación con El-Qurn demuestran una planificación cuidadosa basada tanto en razones prácticas como espirituales. Los antiguos egipcios realizaban ofrendas y rituales en honor a Meretseger en las cercanías de El-Qurn. Se han encontrado inscripciones y estelas que muestran súplicas a la diosa, tanto por protección como por perdón. Algunas de estas inscripciones fueron dejadas por trabajadores de la necrópolis que buscaban su favor y protección mientras trabajaban en la construcción de las tumbas. A pesar de que con el tiempo el culto a Meretseger disminuyó, la veneración de El-Qurn como un sitio sagrado persistió durante siglos. Incluso en épocas posteriores, los habitantes de la región continuaron viendo la montaña con respeto y reverencia.

El-Qurn es mucho más que una simple elevación geográfica; es un símbolo sagrado que encapsula la cosmovisión egipcia de la muerte, la resurrección y el orden divino del universo. Su presencia en el valle de los Reyes no fue accidental, sino que respondió a una profunda conexión espiritual con las creencias funerarias del antiguo Egipto.

La colina Qubbet el-Hawa, cocodrilos dormidos

No hace mucho tiempo, mi buen amigo Rubén Villalobos, autor de uno de los prólogos del presente libro y experto conocedor de la cultura egipcia, me envió un vídeo desde el hotel en que se hospedaba en uno de sus innumerables viajes a la tierra de los faraones y faraonas (título de su reciente libro, publicado en la editorial Almuzara), y quedé impresionado por la vasta colina que se veía. Parecía que a lo lejos había pequeñas chozas o rudimentarias viviendas, pues bien, nada más lejos de la realidad. Le pregunté dónde estaba y me dijo que era la colina Qubbet-el-Hawa, y que lo que parecían casas eran tumbas talladas en la roca, que albergaban los restos de los antiguos gobernantes egipcios pertenecientes a la cercana población de Elefantina, en especial de la dinastía VI y del Reino Medio. Algunas de las tumbas más famosas son, por ejemplo, la de Harkhuf, que fue un explorador y comerciante que dejó inscripciones detalladas sobre sus expediciones a Nubia, incluyendo la famosa historia de cómo trajo un pigmeo danzarín para el faraón Pepi II; o la tumba de Sarenput I, gobernador bajo el reinado de Sesostris I, cuya tumba es una de las mejor conservadas, con relieves y pinturas impresionantes.

¡Qué lugar tan mágico! Era fascinante lo que se podía ver, imagínese a la hora del atardecer frente a esa colina, la cantidad de mensajes, pensamientos, emociones que pueden calarle dentro a una persona, es como una transformación espiritual a lo más divino del Egipto faraónico. Sin embargo, lo que más me sorprendió fue que Rubén me dijo que lo que allí también habían enterrados eran cocodrilos, eso me dejó estupefacto, y supe al momento que tenía que ocupar un capítulo entre los lugares sagrados de este libro. A continuación, le cuento la historia y juzgue por sí mismo si no vale la pena.

Ubicada en la orilla occidental del Nilo, frente a Asuán, la colina de Qubbet el-Hawa es un sitio arqueológico de gran importancia.

Su nombre, que significa «cúpula de los vientos», proviene de una pequeña cúpula en su cima, perteneciente a la tumba de un jeque islámico. No obstante, como indiqué antes, entre los hallazgos más fascinantes en Qubbet el-Hawa se encuentran las momias de cocodrilos, un testimonio del culto al dios Sobek, el dios cocodrilo asociado con el Nilo y la fertilidad. Estas criaturas, a menudo de gran tamaño, fueron cuidadosamente momificadas y enterradas en ofrenda a la divinidad. Los «cocodrilos dormidos», como algunos los llaman, han sido encontrados en distintos sitios de Egipto, pero en Asuán su presencia es en particular interesante debido a su cercanía con las cataratas del Nilo, un hábitat natural de estos reptiles. En la religión egipcia, Sobek era el dios del agua, la fertilidad y la protección. Se creía que tenía el control de las aguas del Nilo y que su poder podía traer prosperidad o desastres. Por eso los egipcios momificaban cocodrilos como ofrendas votivas en templos dedicados a Sobek.

En algunos casos, estos cocodrilos eran criados en templos y, al morir, se los sometía a un proceso de momificación similar al de los humanos. Otras veces, los sacerdotes encontraban cocodrilos muertos y los embalsamaban para su veneración. De la momificación de estos cocodrilos se han revelado detalles fascinantes, como el uso de resinas y vendas de lino para preservar los cuerpos y la colocación de amuletos entre las vendas, lo que sugiere que eran tratados con gran respeto.

Así se hacía eco la prensa de tan monumental hallazgo, el extracto es del diario digital de la Universidad de Jaén de enero de 2023.

> En 2019, investigadores de la Universidad de Jaén descubrieron una tumba que contenía momias de cocodrilos en Qubbet el-Hawa, un sitio cerca de la ciudad de Asuán, en el sur de Egipto. La pequeña tumba excavada en la roca contenía cinco esqueletos y cinco cráneos de grandes cocodrilos. Se encuentra en una zona en la que siglos antes se habían enterrado los gobernadores de la frontera sur de Egipto, aunque los cocodrilos datan de la época anterior a los Ptolomeos; es decir, antes del 304 a. C.
>
> «Se conocen más de 20 lugares de enterramiento con momias de cocodrilos en Egipto, pero encontrar 10 momias de cocodrilos bien

conservadas juntas en una tumba intacta es extraordinario —dice la investigadora belga Bea De Cupere—. De la mayoría de las momias recolectadas por los museos a fines del siglo XIX y principios del XX, a menudo crías, no sabemos exactamente de dónde provienen», especifica.

Los arqueólogos de Qubbet el-Hawa encontraron rastros de lino, hojas de palma y cuerdas, asociados con algunos de los cocodrilos, lo que indica que alguna vez estuvieron envueltos. Lamentablemente, las vendas fueron devoradas por los insectos en la antigüedad. Llama la atención que los cocodrilos no estuvieran cubiertos con grandes cantidades de resina o betún, como era habitual en épocas más modernas. Este hecho, aparte de indicar que son más antiguos que la mayoría de las momias de cocodrilos que se tiene, permitió a los investigadores medir y estudiar estos especímenes a fondo.

El cocodrilo más pequeño mide 1,8 metros de largo, el más grande 3,5 metros. Pertenecen a dos especies diferentes: el cocodrilo del Nilo y el cocodrilo de África Occidental. Sorprendentemente, tres esqueletos estaban casi completos, y a los otros dos les faltaban bastantes partes. «Los cocodrilos fueron enterrados primero en otro lugar, posiblemente en pozos de arena —dice De Cupere—. Esto permitió que los cocodrilos se secaran de forma natural. Luego, los restos fueron exhumados, envueltos y trasladados a la tumba en Qubbet el-Hawa. Deben haberse perdido partes del cuerpo durante el embalaje y el transporte.»

¿Cómo atraparon los egipcios estos cocodrilos? Sabemos por la iconografía que los cocodrilos se atrapaban principalmente con redes. No se han encontrado marcas de sacrificio en los cocodrilos de Qubbet el-Hawa. Posiblemente los cocodrilos se ahogaron, asfixiaron o sobrecalentaron al exponerlos al sol durante largos períodos.

Un cocodrilo estaba tan bien conservado que los gastrolitos aún estaban presentes. Estas son piedras en los intestinos que ayudan a los cocodrilos a mantenerse equilibrados en el agua. Las piedras indican que el cocodrilo no fue abierto para sacar los intestinos. Se trata de un descubrimiento excepcional por la rareza de la conservación de los cuerpos de los animales, porque confirma que los egipcios eran capaces de sacrificar a los animales que luego iban a dedicar a los dioses y porque el método de conservación utilizado, la desecación natural de los cuerpos, es bastante rara.

Cae la noche en el hotel en que se hospeda mi amigo Rubén, y la colina se llena de luces que iluminan el lugar en que los cocodrilos dormidos continúan con su letargo eterno. Pero lo cierto es que, en este rincón místico de Egipto, la fascinación nunca se apagará ni tampoco dormirá.

Kilimanjaro, sagrada de los masáis

Viajar a África hace necesario visitar su cumbre más alta, el majestuoso Kilimanjaro. Está en Tanzania, cerca de la frontera con Kenia, y alcanza una altitud de 5.895 metros sobre el nivel del mar. Es un conjunto de tres montañas, tres cimas volcánicas unidas por una gran meseta elevada.

La primera de estas montañas es el Shira, la más antigua de las tres cimas, se cree que se formó hace aproximadamente 500.000 años. Originalmente, era un estratovolcán que colapsó con el tiempo, y dejó un extenso altiplano a una altitud de 3.962 metros. En la actualidad, el altiplano de Shira está cubierto por praderas y arbustos de gran altitud, lo que lo convierte en una zona de tránsito para los montañistas que ascienden por ciertas rutas, como la Lemosho y la Shira. A pesar de ser la cumbre más erosionada y menos prominente, ofrece vistas impresionantes y es un excelente punto para la aclimatación.

El Mawenzi es la segunda cumbre más alta del Kilimanjaro, con una altitud de 5.149 metros. Es una formación rocosa abrupta y escarpada que contrasta con la forma más redondeada del Kibo. Debido a su inclinación y a su terreno accidentado, es considerada una de las partes más difíciles de escalar del Kilimanjaro. Aunque no es tan visitada como el Kibo, el Mawenzi sigue siendo un punto de interés para los alpinistas más experimentados. Sus crestas afiladas y sus espectaculares picos ofrecen una vista impresionante del paisaje circundante, y su perfil inconfundible es visible desde kilómetros de distancia. Según cuentan los lugareños, llamados Chagga, la apariencia desfigurada del Mawenzi se debe a que hace mucho tiempo, Kibo y Mawenzi eran las esposas del gran dios Ruwa. Un día, Mawenzi llegó antes de la hora del almuerzo a la casa de Kibo para recoger unas ascuas para encender el fuego. Como era tradicional, quien acudía al hogar antes del almuerzo debía quedarse a compartir la comida con los anfitriones; sin embargo, Kibo no quiso hacer la comida para Mawenzi. Esta se marchó apesadumbrada puesto que había roto la tradición familiar. Volvió otro día, y a pesar de que Kibo había hecho la comida, no le ofreció a Mawenzi, y ante la reprimenda de esta última, Kibo la golpeó en la cabeza con un remo de madera, lo que da el aspecto magullado de hoy en día a la cima Mawenzi.

El Kibo es la tercera de las cimas, es la cumbre más alta del Kilimanjaro y la única que aún tiene actividad volcánica residual. Su punto más alto es el pico Uhuru, que es el objetivo principal de los escaladores que desean alcanzar la cima del Kilimanjaro. La cumbre está cubierta de glaciares y nieve durante todo el año, si bien en las últimas décadas el cambio climático ha provocado una disminución progresiva de los glaciares. La ruta más habitual para alcanzar la cima del Kibo es la de Marangu, pero también existen otras opciones como la ruta Machame y la ruta Rongai. Hoy en día es un volcán dormido, pero se han registrado emisiones de gases en su cráter, lo que indica que podría haber actividad en su interior.

En la actualidad, estas montañas siguen siendo uno de los chakras más importantes del planeta y uno de los lugares más sagrados. Más aún, cuando los clanes chagga llegaron a las laderas del Kilimanjaro refiriéndose a ella como el paraíso terrenal, y todavía hoy nombran a su patria como *Kari Ko ruwa*, «el patio de Dios». Las personas que viven en las laderas o en la base de la montaña son consideradas malditas, e incluso entre los chagga se dice que «no se es un ser humano completo si no se viene del Kilimanjaro. De hecho, cuanto más arriba de la montaña se vive, más plenamente humano y bendito se es».

Para los chagga, Kibo era la encarnación divina de lo elevado, eterno y reconfortante. Incluso en señal de gratitud, bonanza, buenaventura, salud y prosperidad se decían unos a otros frases como: «Que perdures como Kibo» o «Al igual que Kibo no envejece, tampoco tú te hagas viejo». Era una especie de saludo, como el «buenos días» actual. Kibo no es una montaña, no dicen que van a la montaña, sino simplemente dicen que van a Kibo. Este es otro de los elementos identificativos de la sacralidad de los montes, como decía en la introducción del libro, y es la personificación que les damos, forman parte de nosotros mismos, como el hogar en el que habitamos. Los chagga cuentan que un antiguo patriarca llamado Kinaamanja subió al Kilimanjaro en busca de sabiduría divina y la nieve perpetua en la cima se ha interpretado como una manifestación de la pureza y la presencia divina.

Sin embargo, además de los chagga, también los masáis veneran estas montañas. En su tradición oral, creen que el Kilimanjaro es la morada de Engai, su dios supremo, y este es visto tanto como un dios benevolente que proporciona lluvias para la vida como un dios castigador que puede traer sequías y dificultades. En tiempos de crisis, los masáis consideran a la montaña como un lugar de ofrendas y oraciones y para buscar bendiciones.

Tanto para los masáis como para los chagga, el Kilimanjaro es un lugar aparte fuera del espacio y del tiempo ordinarios, en el que el culto, el respeto a sus ancestros y la divinidad están presentes, y creen que su conexión con el dios Ruwa y el dios Engai sigue presente y se transmite de generación en generación.

Acantilados de Bandiagara

Ubicados en Malí y habitados desde hace milenios, nos encontramos ante un macizo de más de doscientos kilómetros de longitud y hasta quinientos metros de altura. Se trata de un conjunto de cuevas, al igual que una colmena de abejas, que perforan los acantilados. Se dice que son ojos que miran a otro mundo, y es cierto puesto que son habitados por el pueblo dogón, y son utilizados no solo como viviendas, sino como lugares de enterramiento y culto a sus muertos. Los nichos o cuevas funerarias se encuentran en altura, mientras que las viviendas se localizan en la parte baja de los acantilados.

Pero ¿quiénes son los dogones? Y ¿por qué consideran a estos acantilados un lugar sagrado? Los dogones son una de las etnias más fascinantes de África occidental. Se establecieron en este lugar alrededor del siglo XV. Se cree que huyeron de la expansión del islam y buscaron refugio en este entorno abrupto para preservar su cultura y sus creencias animistas. Además, tienen una cosmovisión única y mitologías complejas relacionadas con la astronomía. Su religión tradicional gira en torno a divinidades como Nommo, seres ancestrales que según su tradición descendieron del cielo, y celebran rituales como la máscara Sigi, un acontecimiento que ocurre cada sesenta años y conmemora la creación del universo. Categorizarlo como sagrado se debe a que, en 1989, la UNESCO declaró los acantilados de Bandiagara como patrimonio de la humanidad, y reconoció así tanto su valor geológico como la riqueza cultural de los dogones, y es que la presencia de la montaña y el culto a una divinidad la convierte en sagrada.

Como he indicado, es un lugar de enterramiento. Las tumbas, generalmente inaccesibles sin escalar, están protegidas por su ubicación y solo los hombres ancianos o sacerdotes tienen permitido acercarse para realizar los rituales funerarios. Se cree que los espíritus de los antepasados permanecen en los acantilados para proteger a la comunidad y mantener el equilibrio entre el mundo terrenal y el espiritual. La serpiente, el lagarto, la tortuga y el cocodrilo son animales sagrados que se localizan en las puertas de casi todas las casas para proteger a sus moradores. Aunque no solo veneran animales y les piden protección, sino que su religión se fundamenta en un entramado de dioses, y son los siguientes:

Amma es la divinidad suprema, el dios creador del universo. Según la mitología dogón, Amma creó el mundo a partir de una bola de barro y modeló la Tierra y el cielo. Sin embargo, su primera creación fue imperfecta, lo que llevó al nacimiento de fuerzas opuestas en el cosmos.

Los *nommo* son seres gemelos de origen acuático creados por Amma. Son considerados los primeros seres vivos y poseen conocimientos sagrados. Se dice que Amma los envió a la Tierra en un arca celestial, y trajeron consigo la sabiduría y las bases de la organización social dogón. También se cree que los *nommo* trajeron el agua y establecieron el equilibrio en el mundo.

También conocido como el Zorro Pálido, Yurugu representa la imperfección y el desorden. Según el mito, Yurugu fue un hijo solitario de Amma que intentó crear el mundo por sí mismo, pero fracasó y dio origen al caos. En la cultura dogón, el zorro es un símbolo de desequilibrio y desobediencia, pero también de la adivinación, ya que su comportamiento en la arena es interpretado por los sacerdotes dogones para predecir el futuro.

Lebe es el espíritu de la regeneración y la agricultura. Se dice que Lebe fue un ancestro dogón que se convirtió en una serpiente sagrada. Se le atribuye la fertilidad del suelo y la prosperidad de las cosechas. Su culto es dirigido por el Hogon, el sumo sacerdote de los dogones.

Los *binou* son espíritus asociados con elementos de la naturaleza, como árboles, ríos y animales. Cada familia o comunidad dogón suele tener su propio espíritu *binou* protector, al que rinden culto en santuarios específicos.

Sin duda, la cultura dogón es fascinante, y su conexión con la montaña y la utilización de sus cuevas como recovecos que simbolizan la fertilidad, la protección y el recogimiento con la madre tierra, puesto que de ahí nacemos y ahí volvemos, convierten a los dogones y sus acantilados no solo en un lugar sagrado, sino incluso un lugar de poder.

Bosque Sagrado de la diosa Osún

En el corazón del suroeste de Nigeria, cerca de la ciudad de Osogbo, se alza uno de los más reverenciados y misteriosos santuarios naturales del África occidental: el Bosque Sagrado de Osún. Este espacio, cargado de simbolismo religioso y profundamente vinculado a la cosmovisión yoruba, representa un complejo entramado de espiritualidad, respeto a la naturaleza y temor ancestral a lo desconocido.

Osún, *orisha* del amor, la fertilidad, la feminidad, la belleza y los ríos, es una de las deidades más importantes del panteón yoruba. Su poder está ligado a las aguas dulces y a la capacidad de sanar, nutrir y sostener la vida. El Bosque Sagrado de Osún-Osogbo es su morada terrenal: un extenso paraje en el que se encuentran altares, esculturas, templos y senderos ceremoniales rodeados por una densa vegetación.

Este lugar no es solamente un centro de culto religioso, es también un símbolo viviente del equilibrio entre el ser humano y la naturaleza. Declarado en 2005 patrimonio de la humanidad por la UNESCO, el bosque ha resistido los embates del tiempo y la urbanización gracias a la firme convicción de sus guardianes espirituales, quienes lo consideran sagrado y habitado por los espíritus de los *orishas*.

En la tradición yoruba, los bosques densos y oscuros han sido vistos con ambivalencia. Por un lado, son moradas de dioses y fuentes de poder espiritual; por otro, son espacios peligrosos, en los que moran fuerzas impredecibles y seres malignos. El temor a los *igbo* —bosques profundos— radica en su carácter impenetrable y desconocido, donde la lógica humana y el orden social pierden fuerza frente a lo caótico y lo sobrenatural.

Estos parajes han sido considerados hábitats naturales de demonios, brujas y entidades invisibles. La oscuridad del bosque, sus sonidos inidentificables y su capacidad para desorientar generan un respeto casi instintivo entre los yorubas. Esta percepción alimentó una práctica ancestral: la delimitación de ciertos fragmentos del bosque para rendir culto a los *orishas* transformó lo temido en sagrado.

A diferencia de los bosques densos y salvajes, los *igbo orisha* (bosquecillos consagrados) son zonas naturales acotadas y ritualizadas. En estos espacios, cuidadosamente seleccionados por *babalawos* o sacerdotes, se construyen altares y se realizan sacrificios, danzas y cantos en honor a divinidades específicas. Se busca así canalizar y contener el poder espiritual del bosque para transformarlo en un lugar de encuentro entre el mundo visible y el invisible. En estos bosquecillos se manifiesta la fuerza vital, que se encuentra no solo en los dioses, sino en todo aquello que es sacralizador; es decir, espíritus, personas, animales, plantas, piedras, palabras, oraciones, cantos, maldiciones y hasta los antepasados. Se dice que la fuerza vital *(ashe)* crece y decrece según se cultive y se alimente o no; esto es, según se potencie o no. La actividad la fortalece, la pasividad la adormece.

El Bosque de Osún es el máximo exponente de esta práctica. Cada año, durante el festival de Osún-Osogbo, miles de devotos acuden a rendir homenaje a la diosa, buscan bendiciones, fertilidad, protección y sanación. Las esculturas y santuarios del bosque, muchos de ellos creados en el siglo XX por artistas nigerianos y europeos en colaboración con los fieles locales, representan un puente entre la tradición yoruba y las expresiones artísticas contemporáneas.

Hay que agradecer a Susanne Wenger (1915-2009) que el bosquecillo de la diosa Osún siga existiendo. Ella lo creó y construyó integrándose y sumergiéndose profundamente en el mundo de los yorubas. Esperamos que su legado perviva durante muchas generaciones.

Monte Kenia

En este recorrido por África no podemos obviar a la segunda montaña más alta del continente, junto a sus tres cumbres principales: Batian (5.199 metros), Nelion (5.188 metros) y Lenana (4.985 metros). Lo más curioso es que reciben el nombre de los principales jefes tribales masáis. Es también conocida como «la montaña luminosa» o «montaña negro blanca», por su nieve permanente durante todo el año, algo extraordinario teniendo en cuenta la climatología del lugar.

Los masáis no solo las han bautizado con el nombre de sus jefes, sino que esta imponente formación geológica es la morada de su dios supremo, Enkai (también conocido como Engai), y el eje espiritual de su universo. En la religión masái, Enkai es una deidad ambivalente que puede manifestarse como una presencia benevolente y dadora de lluvia o como una fuerza destructiva. Según la tradición, Enkai reside en las alturas del monte Kenia, al que los masáis llaman Ol Doinyo Le Satima o simplemente «la montaña de Dios».

Desde tiempos ancestrales, los masáis rezan en dirección a la montaña, aun cuando estén a cientos de kilómetros de distancia. No escalan la montaña —ni siquiera sus laderas más bajas— porque se considera profano acercarse demasiado a la morada divina. Así pues, el monte Kenia se convierte en un *axis mundi*: el punto de conexión entre el cielo y la tierra, entre lo sagrado y lo mundano.

Los masáis también han desarrollado una serie de prácticas y tabúes que demuestran su respeto a la montaña. Uno de los más importantes es el tabú contra la profanación del monte, de modo que subirlo sin motivo ceremonial o con una actitud irrespetuosa se considera un acto sacrílego. En cambio, los ritos de paso, como las ceremonias de iniciación, los juramentos de guerreros *(morans)* y los llamados a la lluvia, se celebran mirando hacia el monte, que actúa como testigo divino de los votos y las súplicas.

Asimismo, Enkai se manifiesta en fenómenos naturales vinculados a la montaña: el trueno, el relámpago, la niebla o los destellos en la cima se interpretan como señales o mensajes del dios, que los ancianos deben saber leer.

Aunque los masáis consideran la montaña sagrada y distante, otras comunidades vecinas como los kikuyu tienen una relación más cercana y pragmática con el monte. Para ellos, el monte Kenia —llamado Kirinyaga— también es sagrado, pero a diferencia de los masáis, construyen sus hogares mirando a la montaña y practican rituales en sus laderas. Esta diferencia resalta la diversidad espiritual de los pueblos del África oriental y la capacidad de una sola montaña para inspirar múltiples lecturas sagradas.

El Chongoni

Ubicado en el centro de Malaui, el monte Chongoni es una elevación modesta en comparación con otras montañas africanas, pero su importancia espiritual y cultural es inmensa. Declarado patrimonio mundial por la UNESCO en 2006, Chongoni no solo es una formación geológica relevante, sino también un sitio sagrado y un archivo viviente de la historia espiritual y artística de los pueblos chewa y ngoni, que habitan esta región desde hace siglos.

Para el pueblo chewa, una de las etnias más numerosas y antiguas de Malaui, el monte Chongoni es un lugar de encuentro entre el mundo físico y el mundo espiritual. Esta montaña es vista como una morada de espíritus ancestrales *(mizimu)* y divinidades de la naturaleza. En sus laderas y cuevas se llevan a cabo rituales de iniciación, ceremonias de fertilidad, invocaciones de lluvia y cultos de adivinación y curación.

La sacralidad de Chongoni radica no solo en su presencia imponente, sino también en su carácter simbólico como centro del universo espiritual. Las cuevas y los abrigos naturales actúan como portales al mundo invisible, en el que los vivos pueden comunicarse con sus antepasados. Muchas de estas ceremonias están vinculadas a la *nyau*, una sociedad secreta tradicional chewa que utiliza máscaras, danzas rituales y conocimiento ancestral transmitido solo a los iniciados.

Uno de los aspectos más sobresalientes del monte Chongoni es la abundancia y diversidad de arte rupestre que se encuentra en sus más de 120 sitios identificados. Las pinturas fueron realizadas por distintas comunidades a lo largo de más de dos mil años, pero en su mayoría están asociadas con los chewa. A diferencia de muchas otras manifestaciones de arte rupestre africano, en las que predominan representaciones de animales o escenas de caza, en Chongoni abundan los símbolos geométricos, patrones abstractos, figuras humanas esquemáticas y motivos relacionados con el mundo ritual.

Estas pinturas fueron creadas con pigmentos naturales, a menudo en rojo, blanco y ocre, utilizando técnicas de aplicación con los dedos, pinceles rudimentarios o incluso por soplado. Cada símbolo tiene una función ritual: algunos se asocian con la fertilidad, otros con la protección del clan o el acceso a conocimientos secretos. En Chongoni, el arte no es decoración; es lenguaje sagrado.

Un aspecto distintivo del arte rupestre en Chongoni es la participación de mujeres en su creación. Muchas de las pinturas están ligadas a rituales femeninos, como los ritos de iniciación para niñas o las ceremonias de fertilidad. Esto resalta el papel central que las mujeres han desempeñado en la transmisión del conocimiento espiritual y artístico en las comunidades chewa. En este sentido, Chongoni es también un santuario del poder femenino y de su expresión simbólica.

A diferencia de otros sitios rupestres que han sido abandonados o convertidos en meras atracciones turísticas, el monte Chongoni sigue siendo un espacio ritual activo. Las comunidades locales continúan utilizando las cuevas y los sitios pintados como lugares de veneración, y muestran cómo la sacralidad del lugar se ha mantenido viva a lo largo del tiempo. La coexistencia entre la tradición y la modernidad ha generado tensiones, en especial ante la presión del turismo o la influencia del cristianismo, pero también ha dado lugar a formas de sincretismo y adaptación cultural.

5

OCEANÍA

El monte Uluru, un icono sagrado y natural de Australia

También conocido como Ayers Rock, el monte Uluru es una de las formaciones geológicas más icónicas y sagradas de Australia, ubicada en el Territorio del Norte, en el corazón del vasto desierto australiano. Este monolito de arenisca no solo es un símbolo cultural y espiritual para los pueblos indígenas anangu, sino que también es un importante destino turístico y una maravilla geológica reconocida en todo el mundo. Uluru se alza imponente en medio del paisaje llano del Parque Nacional Uluru-Kata Tjuta. Alcanza una altura de 348 metros sobre el nivel del terreno circundante, aunque se cree que su masa subterránea es mucho mayor (aproximadamente unos 2,5 kilómetros), similar a la de un iceberg en el océano, y aproximadamente 863 metros sobre el nivel del mar, así como un perímetro de 9,4 kilómetros, lo que lo convierte en un lugar ideal para recorridos a pie.

Uluru está compuesto principalmente de arenisca arkosica, un tipo de roca sedimentaria rica en feldespato, lo que le otorga su característico color rojizo. Este color cambia a lo largo del día debido a la refracción de la luz solar, y varía desde tonos rojizos y naranjas al amanecer y atardecer hasta marrones y grises en días nublados. Se estima que Uluru se formó hace unos 550 millones de años, en una época en que la región era un lecho marino. Con el tiempo, los movimientos tectónicos y la erosión moldearon el monolito tal como lo conocemos hoy.

El monte es profundamente sagrado para los pueblos indígenas anangu, quienes han habitado esta región durante más de 30.000 años.

Para ellos, la roca es mucho más que una formación geológica: es un lugar cargado de mitología, espiritualidad y tradición.

La cultura anangu está basada en el concepto de *tjukurpa*, que puede traducirse como «el tiempo de ensueño». Este sistema espiritual explica la creación del mundo y las leyes que rigen la vida, y Uluru es un lugar central en estas historias. Según el *tjukurpa*, Uluru fue moldeado durante la formación del mundo por los antepasados creadores. En concreto, la leyenda cuenta que dos niños construyeron Ulluru con tierra blanda que había dejado la lluvia. Después de divertirse con el barro, e ir acumulando tierra, se cansaron y se marcharon a jugar a otro lado, y la tierra húmeda dio lugar a la mole que vemos en la actualidad. Las grietas, cuevas y marcas en su superficie representan eventos, batallas y movimientos de entidades divinas.

El monolito es el escenario de numerosos rituales que honran a los ancestros y refuerzan los lazos culturales entre las comunidades indígenas. Muchas áreas de Uluru están restringidas al acceso público por su importancia sagrada. Al igual que los cristianos y judíos interpretan y leen la Biblia, las tribus de la región, los pitjantjatjara y los yankuntjatjara, interpretan los símbolos y mensajes del monte. En los ritos de iniciación, los más jóvenes de las dos tribus acuden a la base del monte para cantar y rezar los mitos y oraciones que aparecen escritos en las paredes del monte. La piedra esconde la energía, la historia y la fuerza vital de lo que fuimos y de nuestros seres ancestrales, por eso los aborígenes frotan las manos contra las paredes para despertar a sus ancestros para que los protejan y los cuiden. Llama la atención que desde tiempos inmemoriales se haya considerado a las cuevas, recovecos y entradas en la tierra como lugares en los que el ritual y la imposición de manos en la roca actúan como invocación a los dioses. En busca de comunicación con el más allá, este rito se ha repetido desde que nuestra especie habita el planeta.

Las dos tribus que he mencionado antes son consideradas las protectoras de Ulluru y responsables de mantener la tradición conectada con el monolito.

En 1985, Uluru fue devuelto oficialmente al pueblo anangu, quienes lo gestionan junto con Parques Australia bajo un modelo de cogestión. Este acto de restitución fue un hito en el reconocimiento de los derechos de los pueblos indígenas en Australia.

La montaña sagrada forma parte del Parque Nacional Uluru-Kata Tjuta, declarado patrimonio de la humanidad por la UNESCO en dos categorías: patrimonio cultural (por su importancia espiritual y cultural) y natural (por su geología y ecosistema). Cerca de Uluru se encuentra Kata Tjuta, un conjunto de 36 formaciones rocosas de arenisca que también tienen una profunda importancia espiritual para los anangu. Estas cúpulas, menos conocidas que Uluru, complementan la majestuosidad del paisaje.

A pesar de estar en un entorno desértico, el parque alberga una sorprendente biodiversidad, como plantas adaptadas al desierto, arbustos de espinifex, acacias y eucaliptos. Estas especies son esenciales para los anangu, ya que proporcionan alimento, medicinas y materiales para herramientas, y también de especies como el canguro rojo, el dingo y diversas aves, como la cacatúa rosa y el águila audaz.

En 2019 se prohibió oficialmente escalar Uluru, una práctica que los anangu consideraban irrespetuosa debido a su significado sagrado. Esta medida fue un paso importante para la conservación cultural y ambiental.

Uluru se ha convertido en un símbolo de Australia y un emblema de la rica diversidad cultural y natural del país. Su imponente figura no solo atrae a viajeros de todo el mundo, sino que también inspira a artistas, a escritores y a cineastas. Además, es un recordatorio del importante papel de los pueblos indígenas en la preservación del patrimonio cultural y ambiental. El monte Uluru es más que un simple monolito en el desierto; es un lugar en el que convergen la majestuosidad natural, la espiritualidad y la herencia cultural. Para los anangu, es un hogar sagrado; para los visitantes, es una fuente de asombro e inspiración. La belleza y el misterio de Uluru continúan atrayendo a personas de todas partes, y nos recuerda la importancia de respetar y proteger los lugares que conectan a la humanidad con la naturaleza y la historia.

Montañas sagradas de Tongariro

En el centro de la isla Norte en Nueva Zelanda, en el Parque Nacional de Tongariro, el cuarto en antigüedad de los existentes en todo el mundo, se alzan imponentes tres montañas que constituyen uno de los paisajes más impresionantes del planeta: Ruapehu (2.797 metros), Ngauruhoe (2.290 metros) y Tongariro (1.968 metros). Suelen permanecer cubiertas de nubes durante días e incluso semanas, fuera de la vista de los mortales. Quizá permanecer ocultas no es casualidad, puesto que para los aborígenes locales, llamados *tangata whenua*, es el hogar y lugar de reposo de sus antepasados. Siempre se debe acudir con respeto, caminar por sus laderas con la cabeza agachada en señal de recogimiento. Todas las montañas que configuran el parque nacional tienen un significado especial para la población maorí, pues en cada una de ellas habitan sus *mana*; es decir, los espíritus que los guían y protegen.

Según cuentan, en tiempos remotos un sumo sacerdote llamado Ngatoroirangi, perteneciente a la tribu local ngati tuwharetoa, escaló el Tongariro. Casi muerto por el frío y las gélidas temperaturas, invocó a la antigua patria Hawaiki para que le ofreciera calor y luz y solicitó su permiso para ocupar la montaña. Ese sendero iluminado por el fuego sobrenatural lo indicó un sistema geotérmico que sale de la superficie en varios puntos a lo largo del camino subterráneo que atraviesa el Pacífico hasta la costa de la bahía de Plenty. Luego discurre por la región termal de Te Waiariki (Rotorua) hasta su destino en Ketetahi, en la ladera norte del Tongariro. Sus plegarias se cumplieron. Estos volcanes son considerados ancestros vivientes, no simples montañas. Hablan de ellos como seres con *mauri* (esencia vital), con personalidades propias y un rol protector de la tierra y la gente.

Una de las leyendas más conocidas cuenta cómo los montes luchaban por el amor de la hermosa Pīhanga, una montaña cercana. El monte Tongariro derrotó a sus rivales (como el monte Taranaki) y reclamó su lugar junto a ella, lo que explica cómo se formó el paisaje volcánico actual, con montañas desplazadas y ríos como huellas de esa lucha.

En 1887, el jefe maorí Te Heuheu Tukino IV regaló Tongariro al Gobierno neozelandés, pero no como una simple cesión de tierras, sino como un acto de protección. Lo hizo para preservar el *tapu* (carácter sagrado) del lugar frente a la colonización, asegurando que se respetara su valor espiritual y cultural. Así se creó el primer parque nacional de Nueva Zelanda y el cuarto del mundo, bajo principios tanto de conservación ambiental como de respeto cultural.

Hasta hoy, Ngāti Tūwharetoa sigue siendo *kaitiaki* (guardianes) del parque. Llevan a cabo ceremonias para honrar a sus antepasados y al *wairua* (espíritu) del lugar, piden permiso antes de subir a ciertas áreas y velan para que los visitantes entiendan que no están caminando por un parque común, sino por el hogar de antiguos *tupuna* (ancestros). Por lo tanto, nos encontramos ante volcanes sagrados protegidos gracias a la donación patrimonial de la población indígena. En la actualidad, ocupan 80.000 hectáreas, lo que más llama la atención es la carencia absoluta de árboles, mayoritariamente hay arbustos, matorrales y hierbas. Es probable que esta ausencia total de vegetación sea la consecuencia de siglos de erupciones, incendios, y explotación agrícola. No es fácil ascender a los montes por la actitud nada benévola de la población maorí, que los defiende por cuestiones sentimentales hacia ellos. Los maoríes consideran que ascender los volcanes sagrados de Tongariro hace quebrantar la paz de sus antepasados, el carácter de *tapu*. Violar el *tapu* era exponerse a la muerte.

Un exgobernador de Nueva Zelanda, sir Michael Hardie Boys, pronunció en un discurso las siguientes palabras que nos dan a entender la importancia de los montes de Tongariro para el pueblo indígena: «Concurren en este lugar no solo una belleza majestuosa, sino también una santidad palpable. Si nos limitamos a mirar y a escuchar, aquí el mundo natural y el espiritual se convierten en uno. Esto no se puede explicar con el lenguaje cotidiano, ni siquiera se puede captar con conceptos corrientes; sencillamente hay que experimentarlo».

E incluso hay un dicho histórico *(korero)* que reconoce y presenta su respeto por los valores sagrados de los Ngati Tuwharetoa, la montaña, el lago, el pueblo y su jefe:

Ko Tongariro te Mangua
Ko Taupo te Moana
Ko Tuwharetoa te Iwi
Ko Te Heuheu te Tangata.
(Tongariro es la montaña,
Taupo es el lago,
Tuwharetoa es el pueblo,
Te Heuheu es el hombre.)

Tongariro no es solo un paisaje volcánico; es un corazón palpitante de historia viva donde la tierra y los antepasados siguen conversando. De nosotros depende que sigamos conservando estos lugares tan mágicos y esenciales para nuestro planeta.

Monte Taranaki

No es casualidad que la siguiente montaña sea el monte Taranaki, y es que fue protagonista de una batalla encarnizada con el monte anterior, el Tongariro, y en ella salió vencedor este último.

También conocido como monte Egmont, el monte Taranaki se alza majestuoso en la isla Norte de Nueva Zelanda como un volcán solitario y perfecto, envuelto en nubes persistentes y un aura mística. Para muchos es simplemente una maravilla geográfica. Sin embargo, para los pueblos maoríes es un ser vivo, una deidad antigua, un protagonista en relatos cosmogónicos que explican no solo la formación del paisaje, sino también la vida misma. En la tradición oral de los *iwi* (tribus) locales, el monte Taranaki no siempre habitó donde está ahora. Las leyendas cuentan que Taranaki vivía junto a otros volcanes en el centro de la isla Norte, incluyendo a Tongariro, Ruapehu y Ngauruhoe. Pero un conflicto amoroso cambió su destino: Taranaki se enamoró de la bella montaña Pīhanga, quien ya estaba unida a Tongariro. Los celos desataron una feroz batalla entre los volcanes. Tras su derrota, Taranaki huyó hacia el oeste, y a su paso abrió ríos y valles hasta detenerse donde se encuentra hoy. Avergonzado, a menudo se oculta bajo densas nubes y llora su amor perdido. Aunque en parte explicables por la meteorología y la topografía, estos relatos toman una dimensión sobrenatural cuando se inscriben en el marco cultural de los maoríes, para quienes los *wāhi tapu* (lugares sagrados) están cargados de energía espiritual. En este sentido, el misterio no reside en lo inexplicable, sino en lo invisible: en la fuerza vital que habita la montaña y que solo algunos logran percibir.

Existen múltiples leyendas que convierten al monte Taranaki en un lugar sagrado. Si bien la relatada antes es la más conocida, no desmerece a las que también han sido trasmitidas en el seno del pueblo maorí. De este modo, es interesante la leyenda oral que menciona a los a los *patupaiarehe*, seres sobrenaturales parecidos a hadas o elfos, que habitan en las partes altas de montañas y bosques. Se dice que, en las noches de niebla, estos seres descienden y pueden confundir a los viajeros o proteger los lugares sagrados. Según la tradición, en Taranaki hay zonas que son territorio de los *patupaiarehe* y deben ser evitadas al anochecer. También es interesante la leyenda de tradición oral sobre la existencia de ciertos senderos que no deben ser transitados por cualquier persona, sobre todo en solitario. Estos caminos están considerados *ara tapu*, rutas sagradas, que conectan el mundo físico con el espiritual. Se dice que en su paso al más allá, los espíritus de los muertos viajan por estos caminos. Por eso muchos *iwi* insisten en rituales de respeto antes de ascender, y en algunas zonas se prohíbe comer, dormir o incluso silbar.

Como puedes observar, todo monte tiene sus leyendas, y no es casualidad, puesto que las diferentes culturas que los han habitado han cultivado en ellos sus creencias, y así seguirá siendo con el transcurso de los años.

Orongo, en Rapa Nui

Si te digo isla de Pascua, ¿qué piensas? La isla más misteriosa y extraña del planeta, ¿verdad? Sin embargo, lo que mucha gente no conoce es que, además de los moais y la cultura Rapa Nui, allí también hay un lugar sagrado y de culto: Orongo. Este lugar sagrado se encuentra al sudoeste de la isla. Al ir dejando atrás el culto a los moais, sin saber por qué, el culto al hombre pájaro fue adquiriendo mayor importancia. Todos los años, los habitantes de la isla acudían al volcán Rano Kao para celebrar y honrar al hombre pájaro. Si nos detenemos y observamos las piedras cercanas al volcán, podremos encontrar dibujos del hombre pájaro, pero también cabezas en forma de máscara, con grandes ojos de búho, que representan al dios de la creación, conocido como Makemake.

Evidentemente, cerca del volcán se llevaban a cabo sacrificios no solo de animales, sino incluso de niños que ofrecían su vida para satisfacer al dios de la creación y la fertilidad. Una vez terminado el sacrificio, muchas familias enviaban a sus hijos entrenados *(hopu)* para que nadaran los mil metros hasta la isla cercana de Motu Kao Kao. En la isla anidaba el gaviotín apizarrado. Cuando el primer *hopu* encontraba el primer huevo de esta ave, debía avisar al cercano Motu Kao, y desde allí se enviaba el mensaje a Orongo. Por supuesto, los nadadores debían regresar con el huevo en perfectas condiciones, y el que lo entregara al sacerdote u ordenante, sería el hombre pájaro del año siguiente. Todo esto nos cuentan las piedras dormidas, pero eternas, que se han encontrado en Orongo, y menos mal que todo quedó labrado en piedra, porque es la única manera de que estos mensajes perduren en el tiempo.

EPÍLOGO DE MANUEL FERNÁNDEZ MUÑOZ

Cuando mi querido amigo Raúl Ferrero me confesó que se disponía a escribir un libro acerca de las montañas sagradas de todo el planeta, se me aceleró el corazón. Mientras enumeraba una por una las cumbres que literariamente se proponía escalar, no pude evitar pensar que aquella aventura lo enfrentaría con la inmensidad. Con la abisal solitud que se revela al alcanzar el lugar donde el cielo se funde con el alma humana. Aunque la idea me ilusionó, también era consciente de la gran responsabilidad que se estaba echando sobre sus espaldas.

Tiempo más tarde, cuando tuvo la gentileza de enviarme el manuscrito y me invitó a formar parte de su sueño con unas cuantas fotos y algún que otro capítulo, supe que la obra que tenía entre mis manos era, en realidad, un camino de iniciación donde el lector, cual peregrino, deberá ir ascendiendo poco a poco, capítulo a capítulo, hasta encontrar el lugar secreto donde, alzando los ojos al infinito, puedes devolverle la mirada a aquel que siempre te ve.

Cuenta una antigua leyenda egipcia que hace mucho tiempo el dios Seth descuartizó a su hermano Osiris y repartió cada uno de sus miembros por diferentes lugares de nuestro planeta. Isis, la esposa de Osiris, al enterarse de lo ocurrido, se dedicó a peregrinar por todo el mundo para encontrar las partes de su marido que habían sido separadas y poder volver a reconstruirlo.

Isis, que no es más que una alegoría del alma humana, nos enseña que lo sagrado no puede ser exclusivo de una sola religión ni en un solo país ni siquiera de un libro sagrado, sino que más bien está repartido por todo el mundo. Y que, para volver a recobrar al dios que perdimos, debemos buscarlo en los lugares más recónditos, pues será en ellos donde le hallemos y, paradójicamente, también nos encontremos a nosotros mismos.

Es por eso que cada capítulo de este libro es como la pieza de un puzle donde la divinidad se esconde y se reparte, aguardando a que alguien tenga la valentía de volver a unir los fragmentos separados de Dios para resucitar con él.

Según la cultura japonesa, hay dos maneras de acercarse a las montañas. Una es como un turista y la otra como un peregrino. Los turistas pasan, toman todo lo que pueden y se marchan rápidamente sin dejar nada a cambio por lo que recibieron. El peregrino, empero, es aquel que se da a sí mismo durante todo el sendero y, en agradecimiento, la montaña se mete en su interior y ya siempre formará parte de él. A este antiguo movimiento del alma se le conoce con el nombre de *Shugendo*.

Aunque muchos piensan que tiene su origen en el Japón prefeudal, el *Shugendo* nunca se ha vinculado a ninguna religión o filosofía, constituyéndose más bien como la aspiración del ser humano por alcanzar una verdad superior a través del contacto con la naturaleza, más concretamente con las montañas, teniendo que superar todos los inconvenientes externos que encontremos en el trayecto hasta la cumbre para enfrentarnos después a nuestros propios demonios internos, tanto o más peligrosos que el aullido de los lobos, el cansancio, la sed o las inclemencias del tiempo.

Durante la subida, quien comenzó su ascenso deberá abandonar la pesada ilusión de quien creía ser para descubrir la ligereza de quien es en realidad. Por eso tendrá que liberarse de su carga y volver a nacer a cada instante y en cada momento. Igualmente, deberá dejar abajo los problemas cotidianos. De lo contrario, pesarán demasiado para permitirle llegar hasta la meta. Así, a medida que vaya subiendo, a medida que vayamos ascendiendo de capítulo en capítulo, nos iremos acercando cada vez más a esa liberación que el alma anhela.

Paradójicamente, aunque conocemos que allí arriba no hay nada, tenemos la esperanza de que esa nada quizá sea capaz de llenar el vacío que sentimos en nuestro interior.

En algún momento durante la escalada, el *Shugenja* —aquel que sigue el camino del *Shugendo*— se dará cuenta de que, con cada paso, irá haciéndose cada vez más pequeño para las personas que lo miran desde el valle. De hecho, cuanto más alto suba, más insignificante se volverá hasta que desaparezca del todo. Y puede que ese sea uno de los secretos para alcanzar la felicidad y la paz. Hacerse pequeño, minúsculo. Tan mínimo que podamos fundirnos con la totalidad sin que nos rechace debido al estorbo de nuestra vanidad.

La montaña requiere humildad, porque durante la subida descubriremos que una ráfaga de aire, una roca suelta, el frío y la nieve pueden acabar con nuestra vida en un segundo. No podemos domesticar a la montaña y esa fragilidad hace que el corazón se vuelva receptivo y agradecido. El ruido de abajo va desapareciendo y la mente se aquieta naturalmente. Cada paso entonces se convierte en meditación y cada pausa en contemplación. Luego, asomándonos al abismo, el alma finalmente podrá fundirse con lo que ve hasta que el observador, lo observado y el hecho de observar se disuelvan en uno. Por eso la cumbre no se conquista, sino que eres conquistado por ella. Por eso la cumbre no se vence, sino que se deja poseer.

Si bien al principio podíamos identificarnos como budistas, cristianos, judíos o musulmanes. Tras alcanzar la cima ya no pertenecemos a ninguna religión, puesto que todas las religiones formarán parte de nosotros. De esa manera, el alma del peregrino podrá integrarse con la inmensidad a través de la experiencia misma de la ascensión, trascendiendo el tiempo, el espacio y la individualidad. Por tanto, cuando regrese al valle, ya no será la misma persona que subió, ya que habrá encontrado algo tan antiguo que paradójicamente lo habrá convertido en una criatura nueva.

Por alguna razón, desde que alzamos por primera vez nuestros ojos al horizonte, las montañas nos llamaron por nuestro nombre, invitándonos a adentrarnos en un misterio mucho más alto que nosotros mismos. No es casualidad que Yahvé se encuentre con Moisés en la cima del Sinaí, porque para que Dios descienda a la tierra, el ser humano tenía que hacer el esfuerzo de elevarse a los cielos. Moisés subió con miedo, pero a medida que fue avanzando, la duda se convirtió en esperanza y el terror en el deseo de escuchar. Aunque pensaba que la cumbre era soledad, al llegar, esa soledad se transformó en presencia.

Ni tampoco es casualidad que Pedro, Santiago y Juan suban con Jesús a la cima del monte de la Transfiguración, donde una luz lo envolvió y Dios mismo acabará declarando: «Este es mi Hijo amado, en quien tengo complacencia. A él, escuchad».

La mentalidad judía del siglo I establecía que, para validar cualquier asunto, acusación o testimonio, debían estar presentes dos o tres testigos. De ahí que Jesús pida a sus amigos que asciendan con él a la montaña sagrada para escuchar de la boca del mismísimo Dios que él era su hijo y así poder declararlo luego a quien tuviera oídos para oír y ojos para ver.

Jesús buscaba la soledad de los montes para escuchar en su interior la voz del Padre Eterno. Esa era su meditación. Se fundía en el amor. Al igual que Buda, quien sabemos que alcanzó la iluminación a la sombra del árbol Bodhi, pero inmediatamente después buscó lugares elevados para predicar sus enseñanzas, como la montaña Gayasisa, donde expuso el Sermón del Fuego; o el Pico del Buitre, donde enseñó el Sutra del Loto.

Tampoco es casualidad que el patriarca Jacob, mientras recostaba su cabeza en una piedra del monte Moriah, viera los cielos abiertos y una escalera que llegaba hasta el suelo por donde los ángeles subían y bajaban. Lo que demuestra que, aunque nos echemos a soñar en posición horizontal, sin embargo, soñamos hacia arriba.

No fue por azar que Jerusalén esté erigida sobre siete colinas, el monte Sion, el monte de los Olivos, el ya mencionado monte Moriah —donde se levantó el Templo de Salomón— el monte Scopus, el monte Ofel, el monte Bezeta y el Calvario.

Con todo, las montañas no deben entenderse solo como lugares físicos que se alzan en algún punto concreto del planeta, ya que posiblemente las cumbres más altas a las que nos tengamos que enfrentar se encuentren en nuestra vida cotidiana. La obra de Raúl se convertirá entonces en un entrenamiento para poder afrontar esos problemas con una mente atenta, valiente y segura de sí misma.

Por otro lado, este libro también tiene otra virtud, la de recuperar la ilusión que nos han robado. Cuando perdemos la comunicación con nuestro niño interior, empiezan a surgir las enfermedades del alma. En el mismo momento en que nos cortaron las coletas y nos prohibieron saltar en los charcos de barro, asesinaron nuestra infancia, obligándonos a vivir en un mundo donde la ciencia y la magia no pueden entenderse. Raúl, como Peter Pan, antes de vernos atrapados por el reino déspota y cruel en que viven los adultos, nos invita a saltar por la ventana de nuestro cuarto para seguir explorando los jardines de nuestra niñez, escalando montañas y jugando con piratas, sirenas y hadas.

Además de libertad, este libro nos enseña que podemos volar, encontrarnos con seres mágicos e incluso vivir para siempre, invitándonos a viajar a lugares remotos donde tal vez, como mencionamos anteriormente, acabemos encontrándonos a nosotros mismos.

BIBLIOGRAFÍA

ARACIL G., MIGUEL, *Montserrat, montaña mágica*, Ed. Arbor, 1987.

ATIENDA, JUAN GARCÍA, *Montes y simas sagrados de España*, Edaf, 2000.

BARON, ERNESTO, *El enigma de las montañas sagradas*, Centro de Estudios de Antropología Gnóstica, 1995.

BERNBAUM, EDWIN, «Montañas sagradas», revista *Patrimonio Mundial*, n.º 23, América Ibérica, 2001.

BERTLIZ, CHARLES, «En busca del arca helada», revista *Muy Interesante*, n.º 33, julio de 1988.

BROTHER, PHILIP, *El secreto de los Andes*, Ediciones Kier, 1989.

BRUGGER, KARL, *El secreto de Akakor*, Ediciones Pomaire, 1978.

CALLEJO, JESÚS, *Territorios talismán*, La Esfera de los Libros, 2019.

CERUTI, M. C., «La importancia del monte Lussari: una montaña sagrada en los Alpes del Friuli», *Turismo y Patrimonio* (21), 117-132, 2023. <https://doi.org/10.24265/turpatrim.2023.n21.07>.

—, *Montañas sagradas de los Pirineos*, Mundo Editorial. 2018.

DE DUMIO, MARTÍN, *De correctione rusticorum*.

ELIADE, M., *Lo sagrado y lo profano*, Ediciones Paidós, 1998.

ENGELS, CHRISTOPH, *1.000 lugares sagrados*, Ullmann, 2010.

GONZÁLEZ DE MATAUCO, *La ruta de las montañas sagradas*, Ediciones Carena, 2011.

GONZÁLEZ, RICARDO, *Intraterrestres*, Ediciones Luciérnaga, 2011.

—, *Lugares de contacto*, Ediciones Luciérnaga, 2018.

HANCOCK, GRAHAM, *Las huellas de los Dioses*, Ediciones B, 1999.

LE PAGE, VICTORIA, *El enigma de Shambhala*, Editorial Abraxas, 1998.

MACLELLAN, ALEC, *El mundo perdido de Agharti*, Edaf, 1982.

PARROT, ANDRÉ, *El diluvio y el arca*, Editorial Garriga, Barcelona, 1961

VALENZUELA ARCE, JOSÉ MANUEL, *Cuchumá: la montaña sagrada de Tecate*, Ediciones Gedisa, 2022.

WAISBARD, SIMONE, *Tiahuanaco. 10.000 años de enigmas incas*, Editorial Diana, 1971.

WALTON, BRUCE, *Mount Shasta, Home of the Ancients*, Ediciones Pomeroy, 1985.

WEBSTER, JASON, *La montaña sagrada*, Los Libros del Lince, 2009.